AI와 미래 자율 제조

AI문고

인공지능 시대입니다. 기계가 인간의 인지를 대신하고, 사물이 인간을 통하지 않고 다른 사물과 직접 커뮤니케이션합니다. 이에 따른 인간 삶과 문명 변화를 정확히 이해 · 예측 · 대응하는 것은 이 시대 우리 모두의 과제입니다. AI문고는 인공지능 기술과 환경의 여러 주제를 10가지 키워드로 정리합니다. 관련 개념과 이론, 학계와 산업계의 쟁점, 우리 일상의 변화를 다룹니다. 인간과 기술의 현재, 미래를 세심히 분석합니다.

일러두기

- 인명, 작품명, 저서명, 개념어 등은 한글과 함께 괄호 안에 해당 국가의 원어를 병기했습니다.
- 외래어 표기는 현행 어문규정의 외래어표기법을 따랐습니다.

처음이세요?

전문가세요?

AI와 미래 자율 제조

원홍인·이상아·윤종필·이상목

대한민국, 서울, 커뮤니케이션북스, 2025

AI와 미래 자율 제조

지은이 원홍인·이상아·윤종필·이상목
펴낸이 박영률

초판 1쇄 펴낸날 2025년 8월 7일

커뮤니케이션북스(주)
출판 등록 2007년 8월 17일 제313-2007-000166호
02880 서울시 성북구 성북로 5-11
전화(02) 7474 001, 팩스(02) 736 5047
commbooks@commbooks.com
www.commbooks.com

ISBN 979-11-430-0762-9 03500

책값은 뒤표지에 표시되어 있습니다.

차례

기술과 인간이 만드는 새로운 제조의 미래

AI에 의해 변화하는 제조의 풍경

제조라는 단어를 들으면 어떤 이미지가 떠오르는가? 공장, 기계, 작업복을 입은 사람들, 벨트를 따라 움직이는 제품들. 아마도 이런 장면들이 익숙할 것이다. 오랫동안 제조는 그런 풍경으로 인식되어 왔다. 그러나 지금 제조업은 눈에 보이지 않게 조금씩, 하지만 근본적으로 달라지고 있다.

이 변화의 중심에는 인공지능(AI)이 있다. AI는 단순한 기술의 도입이 아니라, 제조의 구조 자체를 바꾸고 있다. 과거의 제조가 물리적 설비와 반복 작업의 조합이었다면, 이제는 데이터와 알고리즘, 예측과 판단이 그 중심에 들어서고 있다.

특히 중요한 점은 이 변화가 단순한 자동화의 연장이 아니라는 사실이다. 자동화는 사람이 하던 일을 기계가 대신하는 것을 뜻했지만, AI 기반의 자율 제조는 그보다 더 깊은 전환을 의미한다. 이제는 판단과 결정이 기술 내부로 들어가고 있다.

자율 제조는 기존 제조 시스템의 연장이 아니다. 공정 설계부터 품질 관리, 공급망 운영에 이르기까지 제조의 거의 모든 요소가 AI와 연결되며 새롭게 구성되고 있다. 각 요소는 고립되어 작동하지 않고, 서로 연결되고 학습하며 진화하는 체계로 변화하고 있다.

이 책은 그런 새로운 제조의 풍경을 조명하려 한다. 자율 제조는 기술적 변화이기도 하지만, 그 너머에 있는 산업 구조의 전환, 노동 개념의 변화, 사회적 책임의 확대까지 함께 이야기할 수 있는 주제다. 그래서 우리는 10개의 주제로 이 이야기를 나누어 보려 한다.

각 주제는 단순히 기술 설명에 그치지 않는다. '대화로 실행되는 제조'에는 언어와 명령, 인간의 의도가 생산에 어떻게 작용하는지를 함께 담고자 했다. '스마트 물류와 배송'이라는 장도 물류의 효율만이 아니라, 제조가 외부 세계와 어떻게 실시간으로 연결되는지를 말한다.

제조는 더 이상 공장에서만 일어나는 일만을 의미하지 않는다. 설계자와 사용자, AI와 로봇, 데이터와 알고리즘이 함께 얽혀 하나의 네트워크 안에서 움직이는 거대한 협업 시스템이 되어 가고 있다. 그리고 이 시스템은 정적인 구조가 아니라, 스스로 학습하고 조정하는 생태계로 진화하고 있다.

이처럼 제조는 다시 상상되고 있다. 과거의 제조가 대량화, 표준화에 초점을 맞췄다면, 이제는 개인화와 유연성, 분산성과 지속 가능성이 새로운 제조의 원칙으로 떠오르고 있다. AI는 이러한 전환을 가능하게 만드는 핵심 도구다.

물론 이 책이 다루는 AI와 자율 제조는 완성된 미래가 아니다. 아직은 초기 단계이며, 우리는 그 가능성을 함께 탐색하는 중이다. 그렇기 때문에 지금 이 시점에서 이 변화의 의미를 차분하게 정리해 보는 일은 매우 중요하다.

"AI에 의해 변화하는 제조의 풍경"이 이 책의 출발점이다. 우리가 지금 어떤 시대적 전환점에 서 있는지, 그리고 앞으로 어떤 질문을 던져야 하는지를 독자 여러분과 함께 고민해 보고자 한다.

이 책을 구성하는 10가지 주제

이 책은 AI와 자율 제조라는 거대한 변화 속에서, 제조업이 어떤 방식으로 재구성되고 있는지를 설명하기 위해 10개의 핵심 주제를 선정했다. 각 주제는 하나의 기술을 넘어서, 제조의 흐름을 바꾸고 있는 중요한 전환 지점을 포함한다.

첫 번째 주제는 "상상을 제품으로"다. 이 주제는 단순한 상상력이 AI를 통해 실제 설계와 생산으로 이어지는 시대적 흐름을 보여 준다. 아이디어에서 제품까지의 거리가 급격히 짧아지고 있는 현상을 조명한다.

두 번째는 "가치 창출 제조(Valufacturing)"다. 단순한 생산이 아니라, 인간 중심의 가치, 숙련과 창의, 사회적 기여를 중심에 둔 제조의 방향 전환을 설명한다.

세 번째는 "자율 제조"다. 자율 제조는 기존의 자동화와는 다른, 판단과 제어가 기술 내부로 들어간 새로운 제조 구조를 의미한다. 사람은 점차 감독자가 아닌 조율자로 바뀌고 있다.

네 번째는 "메타 팩토리"다. 현실의 공장을 가상공간과 연결해 실시간으로 제어하고 시뮬레이션 하는 흐름에 대해 이야기하며, 물리적 한계를 넘어선 제조 운영 방식을 다룬다.

다섯 번째는 "대화로 실행되는 제조"다. 프롬프트와 언어 기반 인터페이스를 통해 누구나 제조에 접근할 수 있는 시대가 오고 있으며, 이는 사용자의 참여 구조를 근본적으로 바꾸고 있다.

여섯 번째는 "파운데이션 AI"다. 범용 AI 모델이 제조업에 어떻게 적용되고 확장되고 있는지를 보여 주는 주제로, 기술 아키텍처의 근간이 바뀌고 있음을 상징한다.

일곱 번째는 "AI와 데이터 보안"이다. 고도화된 제조 시스템에서는 데이터가 곧 경쟁력이며, 동시에 가장 큰 취약점이 되기도 한다. 보안과 신뢰의 문제가 제조업의 핵심 주제로 부상하고 있다.

여덟 번째는 "맞춤형 생산의 미학"이다. 표준화된 대량 생산에서 벗어나, 사용자의 요구와 취향에 맞춘 개인화된 제조가 가능해진 시대의 감성과 기술을 다룬다.

아홉 번째는 "스마트 물류와 배송"이다. 제품이 사용자에게 전달되는 과정을 단순한 물류의 완결이 아니라, 경험의 연결과 데이터의 순환으로 바라보며, 그 흐름이 다시 제조로 이어지는 구조적 변화를 조망한다.

마지막 열 번째 주제는 "지속 가능한 제조의 미래"다. 인구 · 환경 · 기술 · 소비 구조의 변화 속에서 제조가 어떤 방식으로 지속 가능성을 확보하고 확장해 나갈 수 있을지 함께 탐색한다.

기술과 사람, 산업과 철학의 균형

이 책을 구성하면서 가장 신경 쓴 점 중 하나는 기술에 대한 설명이 사람과 산업, 그리고 철학적 질문들과 균형을 이루도록 하는 것이었다. 자율 제조는 단지 자동화의 확장이 아니라, 제조라는 활동 자체에 대한 전면적인 재해석을 요구하고 있기 때문이다.

우리는 각 주제를 선정할 때마다 기술적 진보만이 아니라, 그 기술이 인간과 어떤 관계를 맺고 있는지 함께 고려했다. 특히 AI가 판단을 내리는 시대에는 '사람이 무엇을 할 것인가'라는 질문이 더욱 중요해진다. 예를 들어, "대화로 실행되는 제조"는 단순한 기술 구현이 아니다. 이 장은 사람이 언어를 통해 제조에 개입하고, 기술에 자신의 의도를 전달하는 새로운 방식이 가능해졌다는 점에 주목한다. 인간은 이제 단순한 사용자나 감독자를 넘어, 의미를 설계하는 존재로 재정의된다.

또 다른 예로 "스마트 물류와 배송"은 유통과 운송의 효율화를 넘어, 제조에서 사용자에 이르는 연결 흐름 전체를 다시 구성하는 관점을 담고 있다. 배송이 단순한 끝점이 아니라 데이터와 경험의 순환을 완성하는 구조라는 점에서, 이 장은 기술의 실현과 인간의 접점을 함께 보여 준다.

기술은 언제나 산업을 움직이는 동력이었지만, 이제 그 기술은 사람과의 관계 속에서만 온전히 작동할 수 있는 시대에 접어들었다. AI가 만든 제조 시스템이 실효성을 갖기 위해서는, 기술을 설계하고 사용하는 인간의 역할에 대한 철학적 토대가 필수적이다.

본문 곳곳에서 우리는 기술에 대한 비판적 수용도 함께 제시하려고 했다. AI가 모든 것을 해결해 줄 수 있다는 식의 단순한 낙관주의는 경계하고, 기술을 둘러싼 사회적 책임, 신뢰, 투명성의 문제도 균형 있게 다루고자 했다.

특히 Industry 5.0의 철학이 강조하는 인간 중심성과 지속 가능성은 이 책 전반에 자연스럽게 녹아 있다. 마지막 장에서 다루는 "지속 가능한 제조의 미래"는 단지 환경 문제에 그치지 않고, 기후 · 인구 · 소비 · 기술 패권 등 복합적 변화 속에서 제조가 어떻게 적응력과 포용력을 갖춰야 하는지 조망하고자 했다.

기술 서술과 철학적 논의는 종종 별개의 이야기로 여겨지지만, 이 책에서는 두 가지를 분리하지 않으려 노력했다. 각 기술 주제마다 그것이 포함하고 있는 가치 판단과 윤리적 고려, 인간적인 의미를 함께 다루고자 했다.

결국 제조란 단순히 제품을 만드는 기술적 활동을 넘어서, 인간이 세상과 상호 작용하는 방식의 집약체다. 따라서 기술은 반드시 철학과, 산업은 반드시 사람과 연결되어야 한다는 믿음이 이 책의 구성 원칙이다.

우리는 기술과 사회가 빠르게 변화하는 이 시점에,

제조를 균형 있게 바라보는 시도가 필요하다고 생각한다. 이 책이 독자 여러분께 단지 새로운 기술을 소개하는 데 그치지 않고, 그 기술을 둘러싼 인간적 · 사회적 · 철학적 조건들까지 함께 생각해보는 계기가 되기를 기대한다.

이 책에서 말하는 '제조'란

제조라는 단어는 오랫동안 물건을 만들어 내는 활동으로 정의되어 왔다. 재료를 조합하고, 기계와 사람의 손을 거쳐 제품을 생산하는 일련의 과정이 곧 제조였다. 그러나 우리는 이 책을 통해 '제조'라는 단어의 의미를 처음부터 다시 바라보고자 했다.

이제 제조는 단지 '만드는 행위'가 아니라, '의도를 실현하는 과정'으로 바뀌고 있다. 즉, 어떤 생각이나 목적이 설계로 표현되고, 데이터로 전환되어, 기계와 알고리즘을 통해 현실화되는 일련의 흐름 전체가 제조의 범주에 포함된다.

이러한 변화의 중심에는 AI가 있다. AI는 물리적인 제작 과정의 일부를 대체하는 수준을 넘어, '무엇을 만들 것인가'를 제안하고 결정하는 역할까지 맡게 되었다. 판단과 창의의 경계가 기술 안으로 들어오고 있는 것이다.

특히 '자율 제조'라는 개념은 제조에서 인간의 역할이 직접적인 작업 수행에서 창의적 기획과 시스템 조율로 전환되고 있음을 보여 준다. 이는 단지 자동화가 아니라, 제조의 시작과 끝이 더 이상 시간적 · 공간적으로 구분되지 않으면서, 인간의 역할이 전체 흐름에 대한 설계로 전환되고 있다는 의미다.

우리가 강조하고자 하는 제조는, 이제 전통적인 '공장 중심의 활동'에서 벗어나고 있다. 제품이 만들어지는 곳은 물리적 공간이지만 기획자, 설계자, 소비자, 데이터 시스템이 함께 협력하는 복합적 네트워크가 곧 제조의 새로운 경계가 되고 있다.

동시에 이 책은 제조를 기술로만 설명하지 않는다. 제조는 여전히 인간의 필요와 욕망, 감각과 책임이 투영된 결과물이다. 기술은 수단일 뿐, 제조의 본질은 여전히 '무엇을, 왜, 어떻게 만들 것인가'라는 질문에 있다.

이 책에서 다룬 각 주제는 기존 제조 개념에서 중요한 축을 하나씩 해체하고, 새로운 의미로 대체하는 작업의 연속이다. 예를 들어 '맞춤형 생산'은 대량 생산의 논리를, '지속 가능한 제조'는 자원 소비 중심의 사고방식을 전환시킨다.

또한 우리는 제조가 '기업의 활동'이라는 좁은 정의를

넘어, 사회 전체의 구조를 반영하고 형성하는 문화적 행위라는 점에도 주목했다. 제조는 가치 창출뿐 아니라, 가치 판단의 방식이기도 하다.

결국 이 책이 말하는 '제조'란, 단순히 물건을 만드는 일을 넘어서, 기술과 사람이 함께 만들어 내는 관계와 의미의 구조다. 더 이상 단순한 생산에 그치지 않고, 설계된 선택과 집단적 결정이 반영된 창조 행위로 이해되어야 한다고 생각한다.

이러한 새로운 제조의 개념은, 지금 우리가 AI와 함께 살아가는 시대에 제조라는 말이 어떤 철학과 책임을 담아야 하는지를 되묻는 시도다. 이 책은 그 질문에 대한 하나의 가능한 답을 10개의 이야기로 나누어 정리한 결과물이다.

이 책이 담지 못한 것들

이 책은 AI와 자율 제조를 중심으로 새로운 제조의 흐름을 설명하고자 했지만, 모든 기술과 관점을 망라할 수는 없었다. 특히 각 장이 하나의 핵심 주제에 집중해야 했기에, 그 주제와 연결된 다른 기술적 흐름이나 세부 사례들을 생략할 수밖에 없었다.

또한 시간적 제약과 지면의 한계로 인해, 산업별 특성

에 따른 자율 제조의 적용 사례, 예를 들어 반도체나 바이오, 조선 등 특정 업종에서의 적용 양상은 충분히 다루지 못했다. 이는 향후 후속 작업에서 좀 더 구체적인 산업별 응용 사례로서 다룰 수 있을 것이다.

정책, 교육, 노동 환경 등 자율 제조와 AI의 확산이 산업 외부에 미치는 영향 또한 이 책의 주된 범위를 넘어선 부분이었다. 그러나 우리는 각 장의 배후에서 그러한 구조적 변화의 가능성을 독자들이 유추할 수 있도록 서술하려 노력했다.

이 책은 기술적 낙관주의나 철학적 이상주의를 주장하지 않는다. 우리는 AI 시대 제조의 현재 위치를 진단하고, 그 변화가 왜 중요한지를 설명하고자 노력했다. 그리고 독자 여러분의 현장, 맥락, 현실에서 이 이야기들이 어떻게 받아들여질지는 다양한 해석의 여지를 남겨 두고자 했다.

마지막으로, 이 책은 완성된 설명이 아니라, AI와 미래 자율 제조를 바라보는 하나의 접근이다. 이 분야를 둘러싼 담론은 지금 이 순간에도 계속 진화하고 있으며, 이 책 역시 그 흐름 속에 놓여 있다. 앞으로 이어질 더 깊은 대화와 다양한 시도들 속에서, 이 책이 작지만 의미 있는 출발점이자 참조점이 되기를 기대한다.

01
상상을 제품으로

우리는 종종 언젠가 도래할 미래를 상상한다. 문뜩 떠오른 아이디어가 곧바로 제품이 되어 눈앞에 나타나는 세상. 과거에는 공상 영화 속 이야기였지만, AI와 자율 제조 기술은 그 상상을 빠르게 현실로 바꾸고 있다. 상상은 이제 설계가 되고, 설계는 곧바로 생산으로 이어진다.
누구나의 창의성이 즉시 구현되는 시대, 우리는 기술이 상상을 따라잡는 순간에 서 있다.

AI와 1인 창업?

아이디어가 제품이 되는 미래

아침에 눈을 뜨자마자 떠오른 기발한 생각이 곧바로 제품으로 만들어지는 세상, 공상 과학 영화나 만화 속에서나 가능할 법한 장면들이 현실로 이루어지는 세상을 상상해 본다. 머지않은 미래에, 이러한 상상이 실제 생활 속에서 자연스럽게 펼쳐질지도 모른다. AI의 발전은 지금 이 순간에도 계속되고 있으며, 우리가 마음속에 떠올린 이미지와 생각들을 제품으로 신속히 전환하는 시대가 점점 가까워지고 있다.

상상해 보자. 문득 기발한 아이디어가 떠올랐다. 당신의 취향이 반영된 독특한 디자인의 조명 기기일 수도 있고, 어제 사용하면서 불편했던 주방 도구를 개선한 스마트 키친 툴일 수도 있을 것이다. 이 아이디어를 복잡하게 설명하거나, 스케치를 따로 그릴 필요는 없다. 그저 머릿속에 떠오른 생각을 이야기하면, AI가 사용자의 의도를 이해해 핵심 기능과 구조를 도출해 설계도를 만들어 낸다. 이 설계는 네트워크를 통해 생산 시스템으로 전송되고, 당신의 요구에 맞는 제품이 완성되기 시작한다.

이러한 변화의 중심에는 개인 맞춤형 생산 방식이 자리 잡고 있다. 과거의 대량 생산 체계에서는 모두가 동일한 제품을 사용했지만, 미래의 생산 시스템은 사용자의 체형, 욕구, 사용 습관, 미적 선호 등 다양한 요소를 AI가 분석해 최적화된 제품을 제공한다. 예컨대, 미래의 스포츠화는 사용자의 걸음걸이와 양발에 각각 다르게 걸릴 수 있는 압력을 측정해 최적의 소재와 디자인으로 제작되고, 이 모든 과정이 실시간으로 이루어진다.

제조의 유연성도 크게 향상된다. 각 소비자에게 맞는 단 하나의 제품이, 기존의 대량 생산만큼 빠르고 효율적으로 제작될 수 있는 기반이 마련되는 것이다. 이는 소비자 경험을 혁신할 뿐만 아니라, 제조 업체에게도 재고 부담을 줄이고, 제품 설계와 공급의 민첩성을 높이는 효과를 가져다줄 것이다.

이처럼 아이디어에서 제품까지의 여정이 압축되고, 상상력이 물리적인 형태로 구현되는 속도가 빨라질수록, 인간의 창의성은 더 이상 전문 설계자나 제조 기술자만의 영역이 아니다. 누구나, 언제든지, 영감만으로 새로운 무언가를 창조할 수 있는 시대. 우리는 바로 그 입구에 서 있는지도 모른다.

앞으로 다가올 미래에는 창작과 생산의 경계가 더욱 모호해질 것이다. 손끝에서 시작된 상상이 곧바로 제조로 이어지는 흐름은, 제조업을 기술 중심의 산업이 아니라, 감각과 표현이 살아 있는 창작의 영역으로 변화시킬 가능성을 지니고 있다. 창의성은 더 이상 머릿속에서 그치는 것이 아니라, 기술과 결합해 곧바로 세상에 닿는 결과물로 확장된다.

꿈을 현실로 만드는 AI

아이디어가 곧 제품으로 이어지는 미래를 가능하게 만드는 기술의 중심에는 AI가 있다. AI는 단순히 반복적인 연산이나 지시를 처리하는 기계가 아니라, 인간의 언어와 행동을 이해하고, 그 속에 담긴 의도와 의미를 해석할 수 있는 존재로 진화하고 있다. 우리는 이제 AI에게 생각을 설명하고, 문제를 이야기하며, 상상을 공유하는 단계로 나아가고 있다.

가까운 미래의 AI는 자연어를 정교하게 해석하는 능력을 바탕으로 사용자의 요구를 빠르게 파악한다. 예컨대 "부엌에서 사용하기 편한 조리 도구가 있었으면 좋겠어"라는 말 한마디에도, AI는 공간 제약, 손의 움직임, 안전성, 재료의 특성 등을 반영해 구체적인 기능과 형태를 추론한다. 이는 단지 단어의 뜻을 이해하는 것이 아니라, 그 말 뒤에 있는 맥락과 목적, 감각까지도 파악하는 고차원적 능력을 의미한다.

이러한 AI의 판단은 방대한 데이터 학습을 기반으로

이루어진다. 수많은 제품 디자인, 사용 후기, 센서 데이터, 사용자 피드백을 학습한 AI는 그 축적된 지식 위에 새로운 결과물을 제안한다. 디자이너나 기술자가 일일이 조정하지 않아도, AI는 과거의 실패와 성공 사례를 참고해 보다 효율적이고 실용적인 제품 설계를 수행한다. 이것은 인간의 경험을 확장하고, 실수를 줄이며, 개발의 속도를 비약적으로 높이는 데 기여한다.

또한, AI는 하나의 고정된 도구가 아니라, 끊임없이 학습하고 진화하는 존재다. 사용자가 AI와 반복적으로 상호 작용할수록, AI는 그 사람의 표현 방식과 선호를 학습한다. 그 결과, 동일한 아이디어라도 사람마다 다른 결과물이 도출될 수 있다. 이는 AI가 일률적인 자동화가 아니라, 개인의 창의성과 결합된 맞춤형 협업 파트너로 기능하게 될 것임을 보여 준다.

AI는 창작의 과정에서도 인간의 조력자로서 강력한 역할을 한다. 건축, 패션, 제품 디자인, 그래픽, 인테리어 등 다양한 분야에서 AI는 수많은 시각적 영감과 대안적 형태를 제시해 준다. 사용자 스스로가 구체화하지 못한 추상적 감각조차도, AI는 예시와 비교를 통해 형상화해 준다. 마치 디자이너 옆에 앉은 또 다른 디자이너처럼, 끊임없이 아이디어를 제안하고 다듬는 존재가 되어 가는 것이다.

결국, AI는 인간의 상상을 단순히 실현하는 기술을 넘어, 상상의 질과 방향까지 함께 만들어 가는 동반자가 되는 중이다. 인간은 영감을 제공하고, AI는 그 영감을 토대로 구체적인 가능성을 열어 준다. 이 협력은 단순한 자동화를 넘어 상상과 기술, 감성과 계산이 결합된 새로운 창조의 방식으로 확장될 것이다.

4차원 주머니에서 자율 제조까지

만화 속 4차원 주머니는 언제든 필요한 물건이 꺼내지는 마법의 공간이었다. 작고 평범한 주머니 안에 세탁기부터 잠수함까지 존재할 수 있다는 상상력은 많은 이들에게 놀라움을 안겼다. 하지만 곰곰이 생각해 보면, 그것은 단지 '보관'의 공간이 아니라, 누군가의 필요를 즉시 인식하고 그에 맞춰 '생산'을 완료한 상태로 전달하는 공간이었다. 미래의 자율 제조 시스템이 지향하는 방향도 어쩌면 그것과 닮아 있다.

가까운 미래에 제품은 미리 대량으로 만들어져 유통되는 것이 아니라, 필요가 생기는 순간 생산될 것이다. 사용자는 자신의 요구를 AI에게 전달하고, 그 설계는 즉시 자율 제조 공장으로 전송된다. 공장은 대기하고 있는 것이 아니라, 가상공간과 물리 공간이 완전히 동기화된 상태에서 사용자 요청에 반응한다. 이 시스템은 실제 생산을 위한 장비와 인프라를 갖춘 물리적 공장이지만, 그 전체가 디지털로 연결되고 시뮬레이션되는 공간, 즉 '메타 팩토리'로 진화한다.

자율 제조 공장은 수많은 모듈형 생산 장비와 로봇으로 구성되어 있다. 각각은 특정 작업을 수행할 수 있는 기능을 갖추고 있으며, AI는 해당 설계에 가장 적합한 조합을 실시간으로 구성한다. 기계는 유기적으로 연결되며, 생산 라인은 고정되어 있지 않다. 사용자마다 전혀 다른 설계 요구가 들어오더라도, 생산 시스템은 이를 자동으로 해석하고 구성해 유연하게 대응한다. 정해진 틀 없이 움직이는 이 시스템은 마치 살아 있는 유기체처럼 느껴진다.

자율 제조의 핵심은 인간의 개입 없이도 공정이 시작되고 완료된다는 점이다. 물론 초기 설계는 AI가 맡고, 제조는 로봇이 담당하지만, 그 둘을 연결하는 시스템은 스스로 판단하고 조정할 수 있어야 한다. 예를 들어, 제조 과정에서 예상치 못한 재료 문제나 기기 오류가 발생하면, AI는 이를 즉시 감지하고 대체 생산 방식을 선택한다. 생산은 멈추지 않고, 품질은 유지되며, 사용자에게는 매끄럽고 신뢰도 높은 결과물이 전달된다.

이러한 제조 환경에서는 '공장'이라는 개념도 달라진다. 더 이상 벽돌과 철골로 둘러싸인 거대한 공간이 아닌, 디지털 환경과 물리 환경이 겹쳐 있는 공간이다. 사용자는 메타 팩토리 내에서 자신의 제품이 어떤 방식으로 생산되는지 실시간으로 확인하고, 원하는 부분에 수정이나 조정을 요청할 수도 있다. 이 상호 작용은 음성, 터치, 제스처, 혹은 AI 비서와의 대화를 통해 이루어진다. 사용자는 멀리 떨어진 가상 공장 안에서 마치 직접 손으로 조립하는 듯한 몰입감을 경험하게 된다.

'필요한 순간, 필요한 제품이, 필요한 방식으로' 만들어지는 세상. 이것이 자율 제조가 꿈꾸는 미래다. 상상이 설계가 되고, 설계가 공정으로 연결되며, 공정은 현실이 된다. 4차원 주머니에서 꺼낸 것처럼 느껴지는 제품들은, 사실 우리가 요구한 그 순간에 만들어진 것일지도 모른다. 자율 제조는 그렇게 인간의 요구와 기술의 실행 사이에 존재하는 시간을 지워 가고 있다.

02
가치 창출 제조

제조를 뜻하는 단어 'Manu-facturing'은 '손으로 만든다'는 뜻에서 시작되었다. 하지만 미래의 제조는 단지 손으로 무언가를 만드는 일이 아니다. 이제 중요한 것은 '무엇을 어떻게 만들 것인가'보다, '왜 만드는가'에 대한 대답이다. 제조업 생태계에서 사용되는 기술이 만드는 것은 이제부터는 제품뿐만이 아니라 총체적 가치를 의미하며, 우리는 지금 'Value-facturing', 즉 가치를 만드는 제조의 시대로 넘어가고 있다.

AI와 MBTI?

사람을 향하는 제조의 길

제조는 오랜 시간 동안 기술 중심의 경쟁에서 발전해 왔다. 더 빠르게, 더 정밀하게, 더 많이 만드는 것이 곧 우수한 제조의 기준이었다. 하지만 기술이 일정 수준을 넘어선 지금, 제조는 다시 묻기 시작했다. 이 제품은 누구를 위한 것인가? 사람의 욕구를 충족하고 있는가? 이 생산 방식은 사람을 배려하고 있는가? 이 질문은 제조의 방향을 다시 사람 쪽으로 돌려세우고 있다.

미래의 제조는 단순히 '잘 만드는 것'만으로는 부족하다. 사용자의 삶과 감정을 이해하고, 필요를 공감하며, 개인의 필요와 가치를 반영한 제품을 만드는 것이 점점 더 중요해지고 있다. 이러한 변화는 기술의 발전이 만들어 낸 결과이기도 하다. 생산의 자동화와 디지털화가 가능해졌기에, 이제는 인간의 요구에 더욱 세심하게 반응하는 시스템을 설계할 여유가 생긴 것이다.

자율 제조 시스템과 메타 팩토리는 생산 방식의 유연성과 반응 속도를 극대화시켰다. 이로 인해 제조업은 이제 다수의 '대상 집단'을 위한 것이 아니라, '개별 사용자'를 위한 것으로 진화하고 있다. 예를 들어 동일한 제품이라도 사용자에 따라 재료, 크기, 디자인, 기능이 달라질 수 있고, 이는 AI와 데이터 기반 시스템에 의해 실시간으로 조정된다. 기술은 더 이상 사람을 대체하는 것이 아니라, 사람의 세부적인 요구에 반응하는 조력자로 작동하고 있다.

이러한 변화는 제조 현장에서 일하는 사람들에게도 새로운 의미를 부여한다. 과거에는 단순 반복 작업이 중심이었다면, 이제는 문제를 정의하고, 사용자 경험을 설계하며, 시스템을 조정하는 창의적 활동이 주요 역할로 바뀌고 있다. '사람을 위한 제조'는 단지 사용자만을 의미하는 것이 아니라, 제조에 참여하는 모든 사람에게 존중과 전문성을 보장하는 방향으로 확장되고 있다.

더 나아가, 제조는 사회 전체를 향한 책임을 의식하는 방향으로 진화하고 있다. 제품의 생산 과정에서 발생하는 환경적 영향, 윤리적 소비, 지역 사회와의 관계 등 다양한 측면이 새로운 제조 가치의 일부로 포함되고 있다. 이는 단지 제품을 잘 만드는 것을 넘어, 어떤 제품을 어떤 방식으로 만들고 제품을 기반으로 부가되는 서비스를 어떻게 구현할지 함께 고민하는 시대가 열리고 있음을 뜻한다.

사람을 향한 제조는 다시 말해, 인간 중심의 설계, 인간 중심의 공정, 인간 중심의 목적을 가진 생산 시스템을 만드는 일이다. 기술은 그 수단일 뿐이며, 최종 목적지는 언제나 사람이다. 제조가 사람을 향할 때, 비로소 기술은 가치를 만들고, 공장은 사회에 공감하는 공간이 된다.

숙련과 창의가 만나는 새 현장

제조업은 오랫동안 숙련된 손기술과 반복적 노동의 영역으로 인식되어 왔다. 생산 라인의 속도를 따라야 했고, 조립과 검사, 유지 보수는 오차 없이 반복하는 것이 핵심 역량이었다. 하지만 기술이 발전하고 공정이 자동화되면서, 제조의 현장은 점차 다른 방식으로 변하고 있다. 반복적인 작업은 기계가 담당하고, 인간은 이제 더 높은 차원의 판단과 창의성이 요구되는 역할로 이동하고 있다.

이러한 변화는 제조업의 '일하는 방식' 자체를 바꾸고 있다. AI와 자율 시스템이 기본적인 공정을 처리하는 사이에 사람은 전체 흐름을 설계하고 문제를 진단하며 시스템을 조정하는 업무에 집중한다. 특히 디지털 트윈, 실시간 모니터링, 시뮬레이션 기반 제어 같은 기술은 사용자가 직접 손을 대지 않아도 생산 환경을 직관적으로 이해하고 개입할 수 있도록 돕는다. 작업자는 더 이상 반복자나 감시자가 아니라, 설계자이자 협력자로서 기능한다.

그에 따라 제조업 현장에 필요한 역량도 변하고 있다. 숙련된 감각은 여전히 중요하지만 이제는 데이터 해석 능력, 문제 해결력, 창의적 사고가 함께 요구된다. 예를 들어 과거에는 불량 제품을 눈으로 식별하고 손으로 고쳤다면, 이제는 공정 데이터를 분석해 원인을 추론하고 시스템에 필요한 보정을 지시하는 일이 주 업무가 된다. 작업 현장은 점차 기계와 함께 사고하고 조정하는 지능형 협업 공간으로 바뀌고 있는 것이다.

이러한 변화는 작업 환경에도 긍정적인 영향을 미친다. 육체적 피로가 줄고, 반복 작업으로 인한 번 아웃 증후군이 감소하며, 사용자 중심의 설계로 인해 더 안전하고 쾌적한 공간이 조성되고 있다. 제조업은 이제 단순한 '노동'이 아니라, 감각과 판단, 창의성이 발휘되는 '경험의 공간'이자, 기술과 사람이 조화를 이루는 전문 직역으로 진화하고 있다.

이 변화는 특히 젊은 세대에게 제조업에 대한 인식을 바꾸는 계기가 될 수 있다. 단순하고 지루하며 고된 일이라는 편견 대신, 사람과 기술이 함께 일하는 정교하고 스마트한 환경이라는 새로운 이미지가 형성되고 있다. 메타 팩토리, 자율 제조, AI 기반 제어 기술은 이러한 변화를 가속화하며, 제조업을 더욱 유연하고 매력적인 일자리로 탈바꿈시키고 있다.

결국 제조는 더 이상 '단순히 만드는 일'이 아니다. 그것은 숙련된 기술이 축적되고, 창의적인 해결이 요구되며, 전문성이 존중받는 일의 새로운 현장으로 변하고 있다. 기술은 사람을 대체하기보다, 사람의 능력을 더 깊이 있게 펼쳐 보이도록 만드는 도구가 되어 가고 있다.

제조로 만들어지는 새로운 가치

제조는 오랫동안 눈에 보이는 결과물, 즉 '제품'을 중심으로 발전해 왔다. 좋은 제조는 튼튼하고 잘 작동하고 오래 쓰이는 물건을 만드는 것으로 여겨졌다. 하지만 기술이 고도화되고 소비자 요구가 달라지면서, 제조는 점점 비물질적인 영역까지 품는 활동으로 변화하고 있다. 물건 자체보다는 그 안에 담긴 의미, 사용처, 부가 기능 및 서비스, 태도, 감정이 중요해지는 시대가 온 것이다.

오늘날 소비자는 제품의 성능만이 아니라 그것이 어떻게 만들어졌는지, 어떤 가치를 반영하는지 함께 고려한다. 예를 들어 친환경 소재를 활용하거나 지역 공동체와의 연계를 통해 생산된 제품은 단순한 소비재를 넘어 하나의 철학과 연결된다. 제조업은 이제 기능을 넘어서 정체성을 설계하는 산업이 되고 있다.

기술은 이러한 변화에 중요한 기반이 된다. 디지털 기반 제조 시스템은 공정의 투명성을 높이고, 사용자 맞춤형 생산을 가능하게 하며, 생산 과정에 감성을 담을 수 있는 여유를 제공한다. 한 사람의 체형과 취향을 반영한 운동화, 가족의 목소리를 새긴 인공지능 스피커처럼, 제품은 점점 더 개별화되고 상징적인 존재가 되어 간다. 생산은 기술과 감성이 만나는 접점으로 확장되고 있다.

또한 제조 과정에서의 윤리성과 지속 가능성 역시 새로운 가치의 핵심이다. 에너지 사용을 줄이고 폐기물을 최소화하며 재활용과 재사용이 고려된 설계는 이제 경쟁력을 좌우하는 요소가 되었다. 기술은 이러한 목표를 실현하는 수단으로 활용되며, 제조 기업은 단지 물건을 만드는 것이 아니라 지속 가능한 사회를 설계하는 주체로 인식되고 있다.

이러한 변화는 제조업의 사회적 역할을 다시 생각하게 만든다. 지역과 협력하고 사람들의 삶에 의미 있는 제품을 만들며 세대와 문화를 연결하는 새로운 형태의 제조가 등장하고 있다. 대량 생산이 아닌, 작지만 깊은 가치를 지닌 생산 방식이 재조명되고 있는 것이다. 이는 특히 장인 정신, 공동체 기반 제조, 사회적 기업 모델과 같은 흐름과 맞닿아 있다.

제조는 더 이상 단순히 '무엇을' 만드는 것에 그치는 것이 아니라, '왜' 그리고 '어떻게' 만드는지를 함께 고민하고, 어떠한 기능과 부가서비스를 구현하며, 제품의 다음 버전은 어떻게 진화할지를 생각하고 구현해 내는 활동이 되고 있다. 기술이 효율을 넘어서 의미를 담고, 제품이 기능을 넘어서 감동을 줄 때, 제조는 우리 사회에 더 깊은 가치를 전하는 창조 행위로 거듭날 것이다.

03
자율 제조

제조업의 혁신은 이제 자율 제조 시스템을 통해 새로운 국면을 맞이하고 있다. AI와 로봇 기술이 결합된 자율 제조는 기존의 전통적인 생산 방식을 뛰어넘어, 맞춤형 대량 생산과 지속 가능한 제조를 가능하게 한다. 자율 제조는 단순한 자동화를 넘어 제조업의 근본적인 변화를 이끌어 가며, 글로벌 경제와 환경에도 중요한 영향을 미치게 될 것이다.

AI와 난임 극복?

자율 제조의 탄생: 전통에서 혁신으로

제조업은 늘 시대의 기술을 빠르게 흡수하며 진화해 왔다. 증기 기관이 공장에 들어서며 수작업 중심의 생산이 기계 중심으로 바뀌었고, 전기의 도입과 컨베이어 시스템은 대량 생산 시대를 열었다. 이후 전자 기술과 컴퓨터가 결합된 자동화 공정은 품질과 생산성을 높였지만, 그 구조는 여전히 고정된 라인과 반복적인 작업에 기반하고 있었다.

이러한 전통적인 생산 방식은 효율성 면에서는 강점을 보였지만, 산업 사회 변화 및 소비자 욕구에 유연하게 대응하기에는 한계가 분명했다. 대량 생산을 전제로 설계된 공장은 제품 종류가 늘어나거나 소비자 맞춤 요구가 증가할수록 설비 변경과 인력 투입에 따른 시간과 비용이 급증했다. 특히 사용자마다 다른 요구를 반영해야 하는 오늘날에는 기존 방식만으로는 경쟁력을 유지하기 어려워졌다.

이런 배경 속에서 AI와 로봇 기술, 그리고 센서 기반의 데이터 처리 능력이 급속히 발전하면서 '자율 제조'라는 개념이 등장했다. 자율 제조는 설계부터 생산, 검수까지 전 과정을 인간의 직접 개입 없이 수행하는 시스템으로, 단순히 공정을 자동화하는 것을 넘어, 판단하고 적응하고 최적화하는 능력을 내장한 제조 시스템을 의미한다.

과거의 자동화는 사전에 정해진 조건과 순서에 따라 움직이는 시스템이었지만, 자율 제조는 변화하는 상황을 인식하고 스스로 판단해 생산 공정을 조정한다. 예를 들어, 생산 중 특정 재료의 공급이 지연되면, 자율 제조 시스템은 즉시 공정 조건을 변경해 안정적인 생산을 이어 나가는 해법을 스스로 제시하고 구현해 나간다. 이는 과거에는 사람이 결정하고 명령해야 했던 일이다.

자율 제조는 초기에 일부 선진 공정에만 제한적으로 도입되었으나, 기술의 발전과 비용의 하락, 그리고 유연한 생산에 대한 수요 증가로 빠르게 확산되는 추세에 있다. 특히 클라우드 기반의 설계 협업, 디지털 트윈 시뮬레이션, 소형 모듈형 생산 설비의 발전은 자율 제조 시스템을 특정 대기업만의 기술이 아닌, 다양한 산업에 적용 가능한 현실적인 대안으로 만들고 있다.

지금 이 순간에도 자율 제조는 기존 제조 패러다임을 흔들고 있다. 생산은 더 이상 고정된 장소나 시간, 방식에 묶여 있지 않다. 제조는 이제 상황에 따라 재구성되고, 사용자 요구에 따라 반응하며, 데이터를 통해 학습하고 진화하는 하나의 지능적 시스템으로 자리 잡고 있다.

사람과 협력하는 제조 시스템

자율 제조 시스템은 기계와 AI가 주도하는 생산 방식을 가능하게 했지만, 그것이 곧 인간이 불필요해진다는 의미는 아니다. 오히려 자율 제조가 보편화될수록, 인간의 역할은 더욱 중요해지고 있다. 단지 전체 제조 과정에 이바지하는 형태가 달라졌을 뿐이다. 단순하고 반복적인 작업에서 벗어나, 기계가 할 수 없는 창의적 사고와 판단, 통합적 조정 능력이 새로운 제조 환경에서의 핵심 역량이 되고 있다.

자율 제조가 발전하면서, 인간의 역할은 단순한 작업자에서 창의적 기획자로 변모하고 있다. 과거에는 노동자가 기계 옆에서 반복적인 작업을 수행하며 생산 과정을 직접 감독했지만, 이제는 기계가 그러한 작업을 대부분 대체하고 있다. 대신 인간은 기계가 처리하기 어려운 창의적인 문제 해결, 고도의 의사 결정, 시스템 설계 및 유지 보수와 같은 더 높은 수준의 작업에 집중하게 되었다.

예를 들어, 자율 제조 공장에서 일하는 기술자는 이제 공정 자체를 관리하는 것이 아니라, AI 시스템을 감독하고 데이터 분석을 통해 공정의 효율성을 개선하는 역할을 한다. 또한, 공장 내에 문제가 발생했을 때는 그 원인을 신속하게 파악하고, AI와 협력해 해결책을 찾는 것이 인간의 주요 업무 중 하나다. 이런 변화는 인간의 역할을 더욱 전략적이고 창의적인 방향으로 이끌며, 반복적인 육체노동에서 벗어날 수 있는 기회를 제공한다.

사람과 기계의 협력은 단지 업무 분업의 문제가 아니라, 상호 학습과 적응의 관계로 확장되고 있다. 예컨대, AI는 인간의 의사 결정 패턴을 학습해 더 정교한 예측과 대응을 수행하게 되고, 인간은 AI의 제안을 해석하고 그 의미를 조정하는 역할을 하게 된다. 이는 기존의 '명령－실행' 구조에서 '이해－조율－공감'으로 협력 방식이 변화하고 있음을 보여 준다.

이러한 변화는 제조업에서의 인간 역량의 정의 자체를 바꾸고 있다. 미래의 제조 인력은 단순한 조작 능력보다 문제 정의, 시스템 설계, 데이터 해석, 윤리적 판단과 같은 복합적인 사고력을 갖춰야 한다. 동시에 기계와 효과적으로 협력할 수 있는 커뮤니케이션 능력 또한 중요한 자질로 부상하고 있다. 자율 제조는 사람을 배제하는 기술이 아니라, 사람의 가능성을 확장시키는 기술이 되어 가고 있다.

결국 자율 제조는 인간과 기계의 경쟁이 아니라, 협력을 전제로 하는 새로운 생산 패러다임이다. 인간은 본래의 창의성과 맥락 판단 능력을 바탕으로 제조의 고도화를 이끌고, 기계는 반복과 정밀성을 통해 효율성을 극대화한다. 이 상호보완적 관계 속에서 우리는 생산성을 뛰어넘는 지능적이고 존중받는 제조 환경을 만들어 가고 있다.

유연하고 분산된 공장의 시대

전통적인 제조업은 대규모 생산 시설과 중앙 집중형 공장을 기반으로 성장해 왔다. 공정의 효율을 높이기 위해 설비와 자원을 한곳에 집중시키고, 정해진 순서대로 제품을 만들어 내는 방식이 오랫동안 표준처럼 자리 잡혀 있었다. 하지만 소비자의 요구가 다양해지고 기술 변화 속도가 빨라지면서, 이러한 고정된 구조는 점점 한계에 부딪히고 있다.

오늘날의 제조 환경은 속도와 다양성, 개인화된 수요에 더 민감하게 반응해야 한다. 이런 요구에 대응하기 위해 제조업은 더 유연하고 민첩한 구조로 전환되고 있다. 자율 제조 시스템은 이러한 전환을 가능하게 만드는 핵심 기술이다. 고정된 생산 라인을 대신해, AI가 상황에 따라 설비를 재구성하고, 로봇들이 제품에 맞게 작업 방식을 조정할 수 있게 된다.

이러한 유연한 제조 환경은 더 이상 '하나의 거대한 공장'만을 의미하지 않는다. 필요한 기능과 설비를 모듈화하고, 그 모듈을 네트워크로 연결하는 분산형 제조가 가능해지고 있다. 예를 들어 제품의 설계는 한 지역에서, 부품 생산은 다른 지역에서, 조립은 소비지 인근에서 이루어지는 방식이다. 이는 물류비용을 절감하고, 지역 맞춤형 생산을 실현할 수 있는 기반이 된다.

분산형 공장은 디지털 기술로 상호 연결되어 있어야 작동한다. 클라우드 기반의 생산 계획, 실시간 데이터 공유, 원격 제어 시스템 등이 이 구조를 가능하게 한다. 또한 지능형 모니터링 시스템은 실제 공장의 상태를 실시간으로 추적하고 분석함으로써, 여러 지역에 흩어진 생산 모듈 간의 조율을 정밀하게 수행할 수 있도록 도와준다.

이런 변화는 단순한 기술 혁신을 넘어, 공장이 존재하는 방식 자체를 재정의한다. 과거에는 공장이 하나의 장소에 물리적으로 존재했다면, 이제는 데이터, 프로토콜, 네트워크로 연결된 '공장의 네트워크'가 하나의 유기체처럼 작동하게 되는 것이다. 이 새로운 제조 생태계에서는 공장의 위치보다 연결성과 반응 속도가 경쟁력을 결정짓는다.

유연하고 분산된 공장은 자율 제조 기술의 진화가 만

들어 낸 자연스러운 결과다. 고정된 구조에서 벗어나 변화에 능동적으로 대응하고, 다양한 요구에 민감하게 반응하며, 지역과 환경에 맞는 생산을 가능하게 한다. 앞으로의 공장은 더 이상 '건물'이 아니라, 지능적으로 조직된 흐름과 연결의 집합체가 될 것이다.

04
메타 팩토리

공장은 더 이상 단지 물리적인 생산 공간이 아니다. 제품은 보이지 않는 가상공간 안에서 설계되고 시뮬레이션되며, 로봇과 AI는 디지털로 연결된 작업 환경에서 명령 없이도 반응한다. 메타 팩토리는 바로 이 새로운 제조 공간의 이름이다. 디지털 트윈, 클라우드, 가상 협업 플랫폼이 결합된 이 공간은, 현실의 공장을 정밀하게 반영하고 실시간으로 제어할 수 있도록 한다.

AI와 사주?

디지털 공간에 세워진 새로운 공장

우리는 더 이상 모든 생산 활동이 눈앞의 공간에서 일어나야 한다고 믿지 않는다. 이제 공장은 반드시 하나의 장소일 필요가 없다. 가상공간 안에서도 설계되고 시뮬레이션되며, 실시간으로 반응하는 공장이 존재할 수 있다. 이러한 미래형 제조 공간이 바로 메타 팩토리(Meta Factory)다. 이는 현실의 공장을 가상공간에 그대로 재현하고, 디지털 환경에서 설계, 운영, 최적화가 이루어지는 새로운 제조 방식이다.

메타 팩토리는 디지털 트윈 기술을 기반으로 한다. 디지털 트윈은 실제 공장이나 장비, 생산 라인의 상태를 디지털 공간에 정밀하게 복제해, 가상에서 시뮬레이션하거나 모니터링할 수 있게 한다. 이 디지털 환경은 단순한 모델링이 아니라, 센서 데이터와 AI 연산을 통해 실제 공정과 실시간으로 동기화된다. 즉, 가상공간의 변화는 실제 공정에도 영향을 주고, 현실의 공정 상태는 곧바로 가상공간에 반영된다.

메타 팩토리는 클라우드 기술과 연결되어 있어 여러 지역, 여러 사용자들이 동시에 접근하고 협업할 수 있다. 설계자는 가상공간에서 새로운 제품을 설계하고, 생산 엔지니어는 공정 시뮬레이션을 통해 리스크를 점검한다.

그 결과는 즉시 자율 제조 시스템으로 전송되어, 실제 생산으로 이어진다. 이처럼 설계와 제조 사이의 경계는 점점 사라지고, 하나의 연속된 디지털 흐름으로 통합되고 있다.

이러한 변화는 공장 구축의 방식에도 근본적인 영향을 미친다. 과거에는 막대한 자본과 시간이 요구되는 대규모 시설이 필요했다. 하지만 메타 팩토리는 먼저 가상 공간에서 프로토타입 공장을 만들고 운영 가능성을 시뮬레이션한 뒤, 실물 공장을 유연하게 구축할 수 있게 하므로 실패 확률을 낮추고, 시간과 비용을 절감하며, 실제 환경에 맞는 공정을 미리 테스트할 수 있다.

메타 팩토리는 또한 제조업의 분산화를 가속화한다. 더 이상 모든 기능이 한 공간에 모여 있을 필요가 없다. 디지털 공간에서 통합된 공정 관리가 가능해짐에 따라, 설계, 부품 생산, 조립, 품질 검사가 서로 다른 위치에서 이루어지더라도 하나의 공장처럼 동작할 수 있다. 이는 제조의 지리적 한계를 뛰어넘고, 글로벌 협업을 위한 새로운 기반을 마련한다.

이제 공장은 단지 물리적인 공간이 아니라, 하나의 디지털 생명체처럼 작동한다. 메타 팩토리는 현실을 복제하는 수준을 넘어, 인간의 창의성과 기계의 효율성을 결합해 더 나은 생산 방식과 설계 방식을 탐색하는 실험장이 되고 있다. 기술이 공간을 확장하고, 협업의 방식을 바꾸며, 제조의 상상력을 넓히고 있는 것이다.

가상공간에서의 분산 생산 체계

과거의 공장은 독립적인 하나의 장소였다. 생산 설비, 인력, 자재, 정보가 모두 한 공간에 집중되어 있었고, 제품은 그곳에서 만들어져 외부로 운송되었다. 하지만 메타 팩토리 시대에 접어들며 공장은 점차 연결된 네트워크의 일부로 진화하고 있다. 설계와 제조, 조립과 물류가 각각 다른 위치에서 수행되더라도, 이들은 하나의 흐름처럼 통합되어 작동한다.

이러한 연결은 클라우드 기반의 통합 시스템을 통해 실현된다. 가상공간에서 설계된 제품 정보는 각 공장 단위로 자동 전송되고, 필요한 공정만을 수행하는 분산 생산 방식이 가능해진다. 각 공장은 전체 생산망의 하나의 노드로서 동작하며, 자율적으로 협력하고 분산된 자원을 최적화해 처리한다. 이는 단일 공장의 규모보다, 연결된 시스템의 민첩성과 효율성이 경쟁력을 좌우하게 되는 환경으로 바뀌고 있음을 뜻한다.

예를 들어 하나의 제품이 기획되면 설계는 A지역의

설계 스튜디오에서 이루어지고, 부품 생산은 B지역, 조립은 C지역, 품질 검사는 D지역에서 담당할 수 있다. 이러한 작업은 시간 지연 없이 클라우드와 디지털 트윈을 통해 실시간으로 연동되며, 전체 생산 과정은 하나의 메타 팩토리 시스템 안에서 통합 관리된다. 그 결과, 생산은 더 분산되고, 더 빠르게, 더 개별화된 방식으로 이루어진다.

이와 같은 연결성은 단지 물리적 분산에 머무르지 않는다. AI 기반의 예측 시스템은 각 공장에서 발생하는 데이터 흐름을 실시간으로 분석하고, 병목 현상이나 공급 차질, 설비 이상 등을 사전에 감지해 전체 흐름을 조율한다. 생산 계획은 고정된 일정이 아니라, 수요와 공급 상황, 자원 상태에 따라 유연하게 재편되며, 그 변화는 전 공장 네트워크에 즉시 반영된다.

결국 메타 팩토리는 하나의 거대한 지능형 생산 생태계로서 기능하게 된다. 각 지역의 공장은 독립적으로 보이지만, 하나의 통합된 디지털 뇌를 중심으로 유기적으로 작동한다. 이러한 연결성은 특히 글로벌 공급망의 유연성을 높이고, 특정 지역의 리스크에도 탄력적으로 대응할 수 있는 기반을 제공한다. 팬데믹이나 지정학적 리스크 속에서도 안정적인 생산 체계를 유지하는 것이 가능해진다.

이제 공장은 서로를 기다리지 않는다. 필요할 때 즉시 연결되고, 역할을 조정하며, 함께 생산 흐름을 유지한다. 메타 팩토리는 단일한 공간이 아니라, 실시간으로 조정되는 흐름 중심의 공장으로서, 기존의 제조 개념을 넘어서는 새로운 조직 방식을 보여 주고 있다.

메타 팩토리가 바꾸는 제조의 질서

제조업의 중심축이 하나의 공장에서 네트워크화된 시스템으로 이동하면서, 생산의 질서 또한 바뀌고 있다. 메타 팩토리는 단순히 새로운 기술이 아니라, 제조의 공간, 구조, 속성 전반을 다시 쓰는 변화의 상징이다. 이는 생산이 특정 지역이나 공장에 묶여 있던 기존 질서를 해체하고, 보다 유연하고 개방적인 구조로 재편하는 흐름을 만들어 내고 있다.

우선 공장의 지리적 개념이 무너지고 있다. 더 이상 생산 거점은 값싼 인건비나 자원 중심으로 결정되지 않는다. 대신 데이터 흐름, 디지털 인프라, 연결성 확보가 더 중요한 기준이 된다. 예를 들어 설계는 유럽에서, 부품은 아시아에서, 조립은 소비지 인근에서 진행하는 것처럼, 각 생산 기능이 지리적 위치에 구애받지 않고 최적의 장소에서 이뤄지는 분산형 생산이, 이제 메타 팩토리 기반에서는 하나의 공정처럼 자연스럽게 작동한다.

이러한 변화는 글로벌 공급망 구조에도 영향을 미친다. 기존에는 하나의 공장이 모든 공정을 처리하거나, 복잡한 외주 구조를 통해 생산이 이루어졌다면, 메타 팩토리는 각 생산 단위를 모듈화하고, 상황에 따라 실시간으로 재배치할 수 있는 유연성을 제공한다. 이는 생산 효율성과 대응력 향상뿐 아니라, 공급망 리스크를 분산하고 복원력을 강화하는 데도 큰 장점을 가진다.

또한, 메타 팩토리는 제조업에서의 규모의 경제 개념도 다시 생각하게 만든다. 과거에는 대규모 시설과 대량생산이 경쟁력이었다면, 앞으로는 빠르게 설계 변경이 가능하고, 개별 수요에 즉시 반응할 수 있는 소규모-고민첩 생산 체계가 더 큰 가치를 가질 수 있다. 이는 스타트업이나 중소기업이 대기업과 동등한 기술 환경에서 경쟁할 수 있는 기회를 열어 준다.

이러한 구조 변화는 제조업뿐 아니라 다른 산업 분야와의 경계도 허물고 있다. 설계, 개발, 유통, 고객 경험까지 하나의 흐름으로 통합되며, 제조는 더 이상 '만드는 것'에 그치지 않고, '가치를 조율하고 전달하는 시스템'으로 확장된다. 메타 팩토리는 이러한 확장의 기반이 되며, 제조업을 하나의 통합적 가치 플랫폼으로 전환시키고 있다.

결국 메타 팩토리는 단지 기술의 집합이 아니라, 제조업이라는 산업 자체의 정의를 다시 쓰는 시도다. 그것은 공간의 해체이자 질서의 재구성이며, 인간의 상상과 기술이 만나 만들어 내는 새로운 산업 생태계다. 제조업은 이제 하나의 공간에서 일어나는 활동이 아니라, 연결된 지능적 구조 속에서 유기적으로 작동하는 '네트워크적 존재'가 되어 가고 있다.

05
대화로 실행되는 제조

미래의 제조는 더 이상 복잡한 명령어나 설계 지시 없이도 움직인다. 사용자가 원하는 제품이나 조건을 말하면, AI가 이를 이해하고 실행 가능한 방식으로 전환한다. 마치 대화를 나누듯, 요구를 전달하고 생산을 이끄는 새로운 방식, 프롬프트 기반 제조가 떠오르고 있다. 이제 제조는 대화로 시작되고, 조정되며, 완성되는 지능적 상호 작용의 세계로 진입하고 있다.

AI와 아이돌?

말로 시작되는 제조의 전환

한때 공장을 움직이기 위해서는 복잡한 명령어와 정밀한 설계 도면이 필수였다. 엔지니어는 수많은 조건을 수치로 바꾸고, 그것을 기계가 이해할 수 있는 형태로 재해석해야 했다. 그러나 지금, 우리는 공장과 기계가 사람의 '말'을 이해하는 시대를 향해 가고 있다. 이는 단순한 기술의 진보가 아니라, 제조 방식의 근본적 전환을 의미한다.

이러한 변화의 중심에는 '프롬프트(Prompt)'라는 새로운 언어 방식이 있다. 프롬프트는 사람의 의도를 자연어로 입력하고, AI가 이를 해석해 적절한 명령과 결과로 변환하는 과정을 뜻한다. 과거에는 프로그램 언어로 명령을 코딩했다면, 이제는 "높은 열전도성을 가진 금속으로 소형 부품을 만들어줘"와 같은 문장을 입력하는 것으로 공정을 시작할 수 있게 되어 가고 있다.

이처럼 말로 제조를 제어할 수 있게 된 배경에는 초거대 언어 모델(LLM)의 발전이 있다. LLM은 단순한 텍스트 처리 수준을 넘어, 사람의 의도를 해석하고 이를 특정 작업으로 전환하는 수준에 도달하고 있다. 제조업에서도 이러한 모델을 기반으로 한 시스템이 도입되며, 비전문가도 쉽게 접근 가능한 새로운 생산 환경이 열리고 있다.

언어 기반 제어는 단지 사용성을 높이는 차원에 그치지 않는다. 이는 설계–제작–검수의 전 과정을 하나의 언어 흐름으로 통합하는 가능성을 열고 있다. 단일한 명령이 다양한 부서와 공정에 동시에 영향을 미치고, 실시간으로 시스템 간 연결을 통해 조정할 수 있게 되는 것이다. 그 결과 제조는 점차 데이터 중심에서 '의도 중심'으로 이동하고 있다.

이러한 전환은 제조의 민주화를 앞당긴다. 이제 제조는 전문가만의 영역이 아니라, 누구나 자신의 언어로 원하는 것을 표현하고 그것이 실현될 수 있는 열린 플랫폼으로 확장되고 있다. 이것은 단순한 사용자 편의성의 향상을 넘어서, 제조업 전반의 접근성, 창의성, 다양성을 동시에 높이는 계기가 될 것이다.

'말'이 명령이 되고, 의도가 생산이 되는 시대. 말로 시작되는 제조의 전환은 기술을 인간의 감각과 언어로 다시 끌어당기는 흐름이며, 더 많은 사람들이 공장이라는 공간과 연결될 수 있는 새로운 길을 열고 있다.

누구나 공장을 조작하는 시대

제조는 오랫동안 전문가의 영역이었다. 정밀한 도면, 복잡한 조건 설정, 고도의 장비 조작 능력은 제조업 진입의 기본 조건처럼 여겨졌다. 하지만 이제 이러한 장벽이 무너지기 시작했다. 누구나 자신의 생각을 '말'로 표현하고, 그것이 실제 제품으로 만들어지는 환경이 열리면서, 제조는 점점 더 많은 사람들에게 열린 기술로 다가오고 있다.

자연어 기반의 제어 기술은 사용자가 기계나 공정을 이해하지 않아도 원하는 결과를 얻을 수 있게 만든다. 예를 들어, "내 아이가 좋아하는 동물 모양의 쿠션을 만들고 싶어요"라고 입력하면, AI는 소재, 크기, 형태를 판단하고 적절한 설계를 자동 생성한다. 사용자는 기술 대신 의도와 감각에 집중할 수 있다. 그 결과, 공장은 기술자가 아닌 사용자의 언어를 중심으로 움직이기 시작한다.

이러한 흐름은 제조 플랫폼의 구조 또한 바꾸어 놓을 것이다. 미래에는 하나의 중앙 집중형 공장 대신, 인터페이스만 존재하고 실제 제조는 분산된 네트워크에서 제조가 실행되는 구조가 보편화될 것이다. 사용자가 브라우저나 앱을 통해 요청을 입력하면, 가까운 자율 제조 시설에서 생산이 이뤄지고, 결과물이 자동적으로 배송되는 방식이 확산될 것이다. 이를 통해 사용자는 공장을 방문하지 않아도, 제조 과정을 관리하고 참여하는 경험을 누릴 수 있게 될 것이다.

무엇보다 중요한 변화는 사용자 중심의 제조 경험이다. 기존에는 제품이 만들어지는 과정을 사용자가 알기 어려웠지만, 이제는 가상공간에서 설계와 제작 과정을 직접 확인하고, 수정하거나 피드백을 줄 수 있다. 이는 소비자가 생산자에 가까워지는 전환이며, 사용자가 설계자, 품질 관리자, 의사 결정자로 참여하는 구조를 만든다.

이러한 변화는 창작자와 스타트업에게도 큰 기회를 제공한다. 대규모 설비 없이도 시제품을 제작하고, 소량 생산을 시작할 수 있으며, 이를 통해 빠르게 시장에 진입할 수 있다. 크리에이터가 자신의 팬을 위해 굿즈를 만들거나, 디자이너가 고객 맞춤형 제품을 단기간에 생산하는 사례는 점점 더 늘어나고 있다. 제조의 소유에서 참여로의 이동이 일어나고 있는 것이다.

공장을 움직이는 힘은 이제 소수의 기술자만이 아닌, 더 넓은 사용자 집단으로 확장되고 있다. 제조는 점점 더 '기술을 아는 사람의 일'이 아닌, '자신의 생각을 실현하려는 사람의 도구'가 되고 있다. 그 변화의 중심에는, 기술이 아니라 인간의 언어와 상상이 놓여 있다.

대화의 의도에서 태어나는 제품들

이제 공장은 단순히 명령을 받아 움직이는 기계의 집합이 아니다. 사용자와의 대화를 통해 의도를 파악하고, 그 의미를 바탕으로 제품을 설계하고 완성하는 공간으로 변화하고 있다. 말의 의미가 공정 전체를 이끌고, 그 흐름 속에서 제품이 태어난다. 제조는 점점 더 말과 언어, 의미에 반응하는 유기적 시스템으로 진화하고 있다.

이 변화의 중심에는 프롬프트 기반 설계 시스템이 있다. 사용자가 자신의 필요나 아이디어를 자연어로 설명하면, AI는 이를 해석해 적절한 형태와 기능을 갖춘 설계안을 생성한다. "어린이를 위한 가볍고 부드러운 식기 세트", "야외 활동에 적합한 충전식 조명"과 같은 말 한마디가 설계로 전환되고, 이는 바로 제조 시스템과 연동된다. 의도가 곧 설계가 되는 전환이 이뤄지고 있는 것이다.

설계 단계에서 생성된 디지털 도면은 디지털 트윈 환경에서 시뮬레이션되고 검증된 후, 자동으로 자율 제조 공정에 전달된다. 이 과정은 사람이 일일이 개입하지 않아도, 의미의 흐름이 시스템 간에 자동으로 매핑되고 전달되도록 설계되어 있다. 프롬프트 하나가 설계, 자재 선택, 공정 배치, 생산 제어까지 이어지는 전체 흐름을 이끌게 되는 것이다.

기존에는 공정을 시작하기 위해 다양한 문서, 도면, 스펙 시트, 설정 값 등이 필요했지만, 이제는 그 모든 것이 언어로 대체될 수 있는 시대가 다가오고 있다. 중요한 것은 문장의 형식보다 의도의 맥락과 의미를 정확히 이해하는 AI의 능력이다. 이는 사용자에게는 훨씬 자연스럽고 직관적인 생산 방식이며, 기술 시스템에게는 훨씬 유연하고 학습 가능한 입력 방식이 된다.

이러한 흐름은 단지 기술적인 자동화를 넘어서, 창작자와 제조 시스템 간의 새로운 협력 방식을 만들어 낸다. 과거에는 설계 능력과 엔지니어링 지식이 필요했던 고급 제품도, 이제는 아이디어와 감각만으로 생산에 이를 수 있다. 이것은 소규모 창작자, 디자이너, 일반 사용자에게도 제조의 가능성을 열어 주는 동시에, 제조업의 창의성을 극대화하는 계기가 된다.

결국 '대화'는 단순한 명령의 도구가 아니라 설계의 출발점이자 생산의 에너지이며, 사용자의 요구를 물리적 실체로 변환하는 새로운 인터페이스다. 말의 의미에서 태어나는 제품들은, 기술이 어떻게 인간의 언어와 감각을 품고 진화하고 있는지를 보여 주는 상징이자, 앞으로의 제조가 무엇을 지향해야 하는지 말해 준다.

06
파운데이션 AI

파운데이션 AI는 하나의 특정 작업에 국한되지 않고, 다양한 과업에 적용 가능한 범용 지능이다. 이 기술은 자연어, 이미지, 코드, 센서 데이터 등 서로 다른 정보를 함께 이해하고 처리할 수 있다. 제조업에서도 이제 파운데이션 AI는 복잡한 공정을 이해하고, 설계부터 검사까지 여러 작업을 통합할 수 있는 기반 기술로 떠오르고 있다.

AI와 야구?

제조 공정을 학습하는 AI

제조업은 오랜 시간 동안 공정의 반복성과 안정성을 기반으로 발전해 왔다. 그러나 이제, 제조는 더 이상 단순한 프로그래밍과 장비 운용만으로 설명되지 않는다. 변화하는 조건, 복잡한 공정, 다양한 데이터가 얽혀 있는 오늘날의 생산 환경에서는, 지능적으로 공정을 이해하고 반응하는 AI가 필요해졌다. 이 흐름의 중심에 바로 파운데이션 AI가 있다.

파운데이션 AI는 기존의 특정 작업에 특화된 알고리즘과는 다르게, 다양한 데이터를 바탕으로 스스로 지식을 확장하고 새로운 작업에 빠르게 전이할 수 있는 범용 모델이다. 자연어, 시각 정보, 센서 데이터, 설비 로그 등 다양한 유형의 제조 데이터를 함께 학습하면서, 점점 더 정교하게 '공정'이라는 개념을 이해하고 구조화할 수 있게 된다. 이는 단순한 인식이나 분류를 넘어, 복잡한 맥락을 해석하고 의사 결정에 기여하는 학습형 지능으로 진화하는 과정이다.

특히 제조 분야의 파운데이션 모델은 도메인 특성상 시간 흐름, 누적된 경험, 물리적 제약 조건을 함께 고려해야 하기 때문에 일반적인 LLM과는 다른 방식으로 최적화된다. 예를 들어 공정 중 특정 이상 상태가 발생했을 때, 해당 시점의 로그뿐만 아니라 이전 단계의 환경 조건, 장비 상태, 작업자 행동 등을 함께 학습해야 정확한 판단이 가능하다. 이러한 맥락 기반 학습 능력은 제조업에서의 AI가 단순한 데이터 분석 도구를 넘어서야 하는 이유다.

제조 AI가 학습해야 하는 것은 단지 데이터의 패턴이 아니다. 그것은 시간의 흐름에 따라 달라지는 상황, 사람의 개입, 설비의 노후화, 공정 간의 상호 작용 같은 비정형적이고 복합적인 관계다. 파운데이션 AI는 이 모든 요소를 장기적인 시계열 속에서 통합적으로 학습하며, 점차 현장의 맥락을 이해하고 대응하는 수준에 도달하고 있다.

이러한 능력은 결국 AI가 제조 공정의 '사용자'가 아닌 '협력자'로 작동하게 만든다. 공정을 단순히 실행하거나 예측하는 것이 아니라, 개선 방향을 제시하고, 작업자와 함께 의사 결정을 내리는 지능형 조력자로 기능하게 된다. 더 나아가 다중 공정을 연결해 최적 경로를 제시하거나, 설계부터 품질 검사까지 전 주기를 고려한 판단도 가능해지고 있다.

제조 공정을 학습하는 AI는 이미 현실화되고 있는 기술이다. 이미 다양한 기업과 연구 기관에서는 이를 위한 데이터 구성, 학습 구조, 운영 모델을 설계하고 있다. 그리고 이 흐름은 단순한 기술 진보가 아니라, 제조라는 복잡한 세계를 함께 이해하고 재해석하려는 지능의 진화로 바라볼 필요가 있다.

제조 과정의 유기적 연결과 해석

제조업은 본질적으로 수많은 도메인과 작업의 집합이다. 설계, 가공, 조립, 검사, 물류에 이르기까지 각 과정은 서로 다른 조건과 데이터를 기반으로 이루어지며, 독립적인 전문성이 요구된다. 그러나 현실의 생산 환경에서는 이들 과정이 단절된 채로 움직이지 않는다. 각 작업은 서로 긴밀히 연결되어 있으며, 이전 단계의 맥락이 다음 단계의 판단에 영향을 미친다. 파운데이션 AI는 이러한 유기적 관계를 이해하고 해석할 수 있는 지능으로 발전하고 있다.

이러한 연결성과 해석 능력의 핵심에는 도메인 특화형과 작업 특화형 모델의 융합 구조가 있다. 도메인 특화형 모델은 특정 산업이나 공정의 지식을 깊이 있게 학습한 AI이고, 작업 특화형 모델은 제품 검사, 설비 진단, 공정 최적화 등 개별 업무에 특화된 기능을 수행한다. 파운데이션 AI는 이 둘을 단순히 나열하는 것이 아니라,

상황에 따라 조합하고 연결하는 범용 프레임워크로 작동한다.

예를 들어, 한 공정에서 발생한 품질 이상이 다음 조립 단계에서 어떤 영향을 줄 수 있는지를 해석하기 위해서는, 설비 상태 정보, 재료 특성, 환경 변수, 작업자의 행동 이력까지 함께 분석되어야 한다. 파운데이션 AI는 작업의 출처와 형식이 다른 데이터를 하나의 시나리오로 통합해 이해하고, 그 흐름 속에서 다음 작업에 필요한 고도화된 판단을 할 수 있다.

이러한 통합은 단지 데이터를 이어 붙이는 것이 아니라, 의미를 연결하는 해석의 과정이다. 작업 간 데이터는 단위가 다르고, 시계열 구조도 다르며, 때로는 언어, 이미지, 수치 데이터가 동시에 존재한다. 파운데이션 AI는 이질적인 정보를 연관된 맥락 속에서 조정하고 연결하여, 사람이 놓칠 수 있는 지점까지 조망할 수 있도록 돕는다.

이런 능력은 공정 간 협업을 넘어, 제조업 전체의 운영 최적화로 이어진다. 예를 들어 AI가 설계 변경이 공정 전반에 미치는 영향을 시뮬레이션하거나, 공급망 변화가 최종 제품의 품질에 어떤 영향을 줄지 사전에 분석할 수 있다면, 기업은 훨씬 더 빠르고 정밀하게 전략을 수립할 수 있다. 각각의 작업이 아닌, 전체의 맥락을 읽어 내는 지능이 제조 경쟁력을 결정짓는 요소가 되어 가고 있다.

제조 과정은 복잡한 퍼즐처럼 보이지만, 실제로는 하나의 유기적 이야기다. 파운데이션 AI는 이 이야기의 흐름을 이해하고, 필요한 정보를 조합하며, 상황에 맞는 판단을 만들어 낸다. 이제 AI는 단순한 예측 모델을 넘어, 제조의 의미를 읽고 해석하는 파트너가 되어 가고 있다.

제조 파운데이션 AI

제조업은 그동안 설비, 인력, 프로세스, 데이터 등 다양한 기반 위에 발전해 왔다. 그러나 이 기반들은 대부분 서로 분리되어 있었고, 하나의 통합된 지능으로 작동하지 않았다. 이제 제조업은 점점 더 복잡한 판단과 민첩한 조정을 요구하는 산업으로 바뀌고 있으며, 그 중심에서 파운데이션 AI가 새로운 기반 기술로 부상하고 있다.

파운데이션 AI는 단일 목적에 최적화된 솔루션이 아니다. 오히려 설계, 품질, 유지 보수, 물류, 운영 등 제조업의 다양한 과정을 하나의 통합된 모델로 연결하고 해석할 수 있는 범용 지능이다. 특히 도메인과 작업을 동시에 이해할 수 있는 구조를 갖추면서, 복잡한 제조 환경에서도 유연하게 대응할 수 있는 토대를 제공한다.

제조업은 늘 변동성과 불확실성에 직면해 있다. 공급망 문제, 제품 다양화, 고객 맞춤형 요구, 생산 자동화의 확대 등은 모두 기존 시스템만으로는 대응하기 어려운 과제들이다. 파운데이션 AI는 이러한 내외부의 변화 요인을 선제적으로 예측하고, 이에 대한 대응 전략을 설계하며, 이를 바탕으로 공정 간 상호 작용을 실시간으로 최적화할 수 있는 능력을 갖추고 있다.

또한, 이 기술은 기존의 시스템들을 대체하려는 것이 아니라, 기존 기술 위에 지능을 더하는 역할을 한다. 기존의 MES, ERP, 품질 관리 시스템과 연동되며, 이질적인 데이터와 기능을 하나의 흐름으로 통합할 수 있다. 이렇게 함으로써 파운데이션 AI는 '새로운 인프라'라기보다, 기존 인프라를 연결하고 고도화하는 촉매제로 작동하게 된다.

무엇보다 중요한 변화는, 파운데이션 AI가 기업의 판단 구조 자체를 바꾸고 있다는 점이다. 과거에는 관리자나 전문가의 경험과 판단에 의존하던 의사 결정이, 이제는 데이터를 기반으로 AI와 함께 시뮬레이션하고 최적화를 거친 뒤 내려질 수 있다. 이는 기업 전체의 전략과 실행 사이의 간극을 줄이고, 제조 운영을 더욱 정교하고 유연하게 만들어 준다.

제조업의 새로운 기반은 더 이상 기계나 설비에만 있는 것이 아니다. 그것은 데이터를 해석하고, 흐름을 통합하며, 지능적으로 판단하는 파운데이션 AI라는 비가시적 인프라에 있다. 제조의 모든 순간에 함께 작동하는 이 기반 기술은, 앞으로의 산업이 얼마나 지능적이고 민첩해질 수 있는지 결정짓는 핵심이 될 것이다.

07
AI와 데이터 보안

AI가 제조의 모든 과정을 읽고 판단하는 시대, 데이터는 가장 핵심적인 자원이자 동시에 가장 민감한 자산이 되었다. 설비 정보부터 설계 파일, 운영 조건, 사용자 요청까지 방대한 제조 데이터가 AI와 연결되며, 그만큼 보안과 신뢰성 확보는 더욱 중요해졌다. 이제 제조업은 단순한 기술 고도화를 넘어, 데이터의 안전한 흐름과 윤리적 사용을 함께 고민하는 산업으로 나아가고 있다.

AI와 윤동주?

제조 데이터를 둘러싼 위협과 대응

오늘날 제조업에서 데이터를 빼놓고 공정을 이야기할 수는 없다. 어떤 설비가 언제 멈췄는지, 어떤 공정에서 불량률이 높아졌는지, 소비자가 어떤 사양을 요청했는지, 이 모든 것이 데이터로 기록되고 AI는 그 데이터를 바탕으로 공정을 판단하고 조정한다. 하지만 이러한 데이터가 외부로 유출되거나 잘못 사용된다면 제조업은 단순한 오류를 넘어 기업 전체의 신뢰와 경쟁력을 잃을 수 있는 상황에 놓인다.

예를 들어, 특정 부품 생산의 최적 온도와 속도 조건이 담긴 설비 로그가 외부에 노출되면, 해당 기업만이 가진 공정 노하우가 경쟁사나 제3자에게 전달될 수 있다. 혹은 AI가 학습한 운영 데이터를 기반으로 한 설비 제어 알고리즘이 해킹되거나 조작된다면, 생산 품질 저하나 납기 지연, 심지어 안전사고로까지 이어질 수 있다. 공장이 연결되고 똑똑해질수록, 정보는 자산이자 동시에 취약점이 된다.

이처럼 제조 데이터를 둘러싼 위협은 점점 더 정교해지고 있다. 외부의 사이버 공격뿐 아니라, 내부 사용자에 의한 의도치 않은 유출이나, 협력사와의 공유 과정에서 발생하는 보안 취약성 등 공장의 모든 접점이 잠재적 위협이 될 수 있는 시대가 되었다. 제조업은 더 이상 물리적 울타리로만 보호될 수 없다.

이러한 상황에 대응하기 위해 기업들은 다양한 방식을 도입하고 있다. 예를 들어, 실시간 데이터 흐름을 감시해 이상 징후를 탐지하는 보안 모니터링 시스템, 중요한 데이터를 암호화한 채 분석할 수 있는 기술, 외부 전송 없이 AI가 내부에서만 학습을 수행하는 구조 등이다. 이러한 방식은 복잡한 기술처럼 보일 수 있지만, 핵심은 간단하다. AI가 똑똑해질수록 데이터를 더욱 조심스럽게 다뤄야 한다는 점이다.

무엇보다 중요한 것은 데이터를 안전하게 보호하는 일이 단지 보안 부서의 일이 아니라는 인식이다. AI를 도입하는 기획자, 시스템을 운용하는 관리자, 데이터를 다루는 작업자 모두가 데이터 보안이 공정의 일부라는 인식을 가져야 한다. 공장을 안전하게 만드는 일은 이제 설비나 인프라만으로 되지 않으며, 데이터와 알고리즘을 안전하게 설계하고 사용하는 문화가 함께 필요하다.

제조업의 지능화는 새로운 기회를 열어 주지만, 동시에 새로운 위험을 만들어 낸다. 제조 데이터를 둘러싼 위협에 대응한다는 것은 기술을 지키는 일이자, 기업의 신뢰를 지키는 일이며, 나아가 제조라는 산업의 지속 가능성을 지키는 일이다.

정보와 기밀을 지키는 기술

제조업에서 AI가 일상적으로 쓰이기 시작하면서, 예상하지 못한 정보가 데이터로 기록되고 분석되는 일이 늘어나고 있다. 사용자가 공장에 발주를 넣을 때 요청한 세부 사양, 음성으로 설명한 필요 조건, 제품의 사용 조건이나 피드백 등이 모두 데이터로 남고, 학습 데이터로 활용되기 때문이다. 이러한 정보에는 단순한 생산 조건을 넘어서 개인의 성향, 구매 이력, 내부 전략 등 민감한 내용이 포함될 수 있다.

또한 설비 운영 조건, 공정 최적화 이력, 자재 배합 비율 같은 데이터는 해당 기업이 축적해 온 핵심 기술 그 자체이자 기밀이다. 이런 정보가 외부로 유출되거나 의도하지 않게 재활용된다면, 경쟁력이 훼손될 수 있을 뿐만 아니라, 고객과의 신뢰도 깨질 수 있다. AI가 똑똑해지는 만큼, 무엇을 학습시키고 어디까지 공유할 것인지에 대한 고민은 더욱 중요해지고 있다.

이러한 고민 속에서, 기업들은 '학습을 하되, 정보를 노출하지 않는다'는 접근 방식에 주목하고 있다. 예를 들어 어떤 사용자가 제품을 주문할 때의 발화 데이터를 AI

가 학습한다 하더라도, 이를 개별 인물과 연결할 수 없도록 '흔적'을 지우거나 통계적으로 처리하는 방식이 활용된다. 이를 통해 AI는 맥락을 배우되, 개인은 보호받는 구조가 만들어진다.

또한, 기업 간 협업이나 공정 간 연계 과정에서도 기밀이 드러나지 않도록, 데이터 자체가 외부로 나가지 않고도 AI가 학습하거나 판단할 수 있도록 하는 방식도 활용되고 있다. 예를 들어 각 공장이 자체 데이터를 내부에서 학습시킨 뒤, 결과만을 공유하는 구조가 대표적이다. 이처럼 데이터를 가리지 않고 연결할수록, 보호 기술도 정교해져야 하는 흐름에 들어선 것이다.

이러한 기술적 해법은 결국, 단순한 방어가 아니라 신뢰를 설계하는 과정이라 할 수 있다. AI는 단순히 데이터를 받아들이는 존재가 아니라, 정보의 윤리성과 안전성까지 함께 고려해야 하는 새로운 시스템 환경 속에 존재하고 있기 때문이다. 기술의 힘만큼이나 그 기술을 둘러싼 신중함이 필요한 시대다.

제조업은 언제나 신뢰를 기반으로 움직여 왔다. 이제 그 신뢰는 제품의 품질뿐 아니라, 정보를 어떻게 다루는가, 데이터가 어디로 흘러가는가, AI가 무엇을 학습하는가에 달려 있다. 개인 정보와 기밀을 보호한다는 것은 단지 유출을 막는 일이 아니라, 제조업이 미래로 나아가기 위한 약속을 지키는 일이다.

안전한 데이터, 신뢰 가능한 AI

제조업에서 데이터는 공정을 연결하고 AI를 움직이는 핵심 자산이다. 하지만 데이터가 아무리 잘 보호된다 하더라도, 그 데이터를 해석하고 판단하는 AI가 신뢰할 수 없는 방식으로 작동한다면, 전체 시스템은 여전히 불안정한 상태에 머무르게 된다. 결국 데이터의 보안성과 AI의 신뢰성은 함께 구축되어야 할 쌍둥이 기반이다.

신뢰 가능한 AI는 단순히 정확한 결과를 내는 것만으로는 부족하다. 특히 제조업처럼 반복성과 검증 가능성이 중요한 산업에서는, AI의 판단이 어떻게 도출되었는지 설명할 수 있어야 한다. 사용자가 AI의 추천이나 경고를 받아들일 수 있으려면, 그 근거가 투명하고 납득 가능해야 한다. 이러한 설명 가능성은 기술이 현장과 소통하는 기본 언어다.

AI가 항상 같은 조건에서 같은 결과를 도출하는지도 중요하다. 학습 데이터나 환경이 조금만 바뀌어도 결과가 달라지는 시스템은 제조업의 품질 기준과 맞지 않기 때문이다. 이를 위해서는 AI의 의사 결정 과정과 작동 이력을 추적할 수 있는 '검증 가능성(Verifiability)'이 반드시 확보되어야 하며, 이는 AI가 기술적으로 신뢰받을 수 있는 최소한의 조건이다.

또한, 제조 환경에서는 공정성과 편향 없는 판단도 중요한 요소다. 예를 들어, AI가 일정한 유형의 설비나 작업자 조건에 대해 일관되게 부정적인 판단을 내린다면, 그 판단이 데이터 기반인지, 혹은 편향된 학습 때문인지 검토가 필요하다. AI는 단지 통계적 규칙을 따르기보다는, 산업의 맥락 속에서 균형 잡힌 판단을 내릴 수 있도록 설계되어야 한다.

이러한 기술적 기반 위에, 조직은 AI를 운영하는 데 있어 책임의 구조를 함께 설계해야 한다. 예기치 않은 판단 오류나 결과가 발생했을 때, 그 원인을 추적하고 설명할 수 있어야 하며, 필요한 경우에는 시스템을 수정하거나 보완할 수 있는 체계가 필요하다. 이는 단순한 기술 문제가 아니라 조직과 사람, AI가 함께 만들어 가는 신뢰의 문화다.

특히 최근에는 생성형 AI가 설계 도면이나 생산 조건을 자동으로 생성하거나 수정하는 일이 늘어나면서, 데이터가 '진짜인가'를 검증하는 기술의 중요성도 커지고 있다. 아무리 안전하게 보호된 데이터라도, 그 내용이

허위거나 조작되었다면 AI의 판단은 근본부터 흔들릴 수밖에 없다. 따라서 AI가 신뢰받기 위해서는 결과뿐 아니라, 그 판단의 근거가 된 데이터가 정확하고 진위성이 확보되어야 한다.

제조업의 디지털 전환은 점점 더 고도화되고 있지만, 그 바탕에는 여전히 신뢰가 자리하고 있다. 안전하게 보호된 데이터와, 신뢰할 수 있도록 설계된 AI는 함께 작동할 때에만 의미를 가진다. 기술이 깊어질수록, 우리는 그것을 지탱하는 기반 역시 더 깊고 단단하게 만들어야 한다.

08

맞춤형 생산의 미학

제품이 모두에게 같을 필요는 없다는 생각, 우리는 오래전부터 품어 왔다. 이제 AI와 자율 제조 기술은 그런 바람에 조금씩 가까워지고 있다. 사용자의 취향과 감각, 신체 조건까지 반영해 제품을 설계하고 생산하는 방식이 서서히 모습을 드러내고 있다. 이 흐름이 더 깊어진다면, 각 개인의 욕구와 취향에 맞는 개인 중심적 제품을 대량 생산 방식으로 만들고 서비스 플랫폼 기반의 지속 가능한 연계 및 부가 서비스를 가능케 하는 세상을 맞이하게 될 것이다.

AI와 한의학?

선택이 설계를 이끄는 시대

제품이 설계되는 방식은 오랫동안 정해져 있었다. 제조사는 시장을 분석하고, 평균적인 수요를 예측해 제품의 기능과 형태를 결정했다. 사용자들은 그 결정의 결과물을 선택하는 입장이었고, 제품의 구조는 대부분 제조사의 기획자와 엔지니어가 주도했다. 그러나 지금, 설계의 방향이 점차 바뀌고 있다. 제품을 고르는 것이 아니라, '무엇을 원하는지'를 먼저 말하는 구조가 열리고 있다.

이 변화의 출발점은 '선택'에 있다. 사용자가 먼저 색상, 크기, 기능, 사용 환경을 입력하면, 그 정보가 제품 설계에 직접 반영되는 흐름이 생겨나고 있다. 단순한 옵션 선택 수준을 넘어, 설계 자체가 사용자 입력으로부터 시작되는 구조다. AI는 이 입력을 읽고, 기존 설계 데이터와 결합해 최적의 구성안을 생성하며, 그 결과물이 곧 맞춤형 제품의 기반이 된다.

이런 흐름은 단순히 '취향 반영'의 차원이 아니다. 사용자 중심의 설계는 제조업의 운영 방식 자체를 바꾸게 된다. 수요가 적정하게 연결되지 못해 재고를 쌓아 두는 방식이 아니라, 주문에 따라 실시간으로 설계하고 생산하는 방식이 부상하고 있다. 이는 제조 공정의 유연성을 요구하며, 설계－생산－배송의 연결이 훨씬 긴밀하게 이어져야 가능해진다.

AI와 자율 제조 기술은 이러한 구조를 현실화하는 데 중요한 역할을 하고 있다. 과거에는 소비자의 세부 조건을 일일이 반영하는 것이 시간과 비용 면에서 불가능했지만, 이제는 AI가 입력된 요구를 빠르게 해석하고, 이를 바탕으로 공정 조건까지 자동으로 조정할 수 있는 환경이 갖추어지고 있다. 설계는 더 이상 정적인 도면이 아니라, 입력에 따라 생성되는 유동적인 지식 체계가 되어 가고 있다.

이러한 전환은 소비자에게는 선택의 자유를, 제조사에게는 공정 최적화와 브랜드 차별화의 기회를 제공한다. 동시에 이 구조는 제품 개발의 패러다임 자체를 흔든다. 제품이 먼저 존재하고 사용자가 뒤따르는 것이 아니라, 사용자의 맥락과 선택이 제품의 출발점이 되는 구조다. 사용자 중심 제조(User-driven Manufacturing)라는 말이 점차 현실적인 표현이 되어 가고 있다.

'선택이 설계를 이끈다'는 말은 이제 단지 미래의 이상이 아니라, 기술이 뒷받침되는 점진적인 흐름이 되고 있다. 물론 아직은 일부 제품, 일부 산업에서 시도되는 단계일 수 있다. 하지만 이 변화는 사용자의 개별성이 제조 과정에 어떻게 통합될 수 있는지를 보여 주는 중요한 전

조이며, 제조가 다시 사용자와 연결되는 방식의 실험이기도 하다.

감각과 취향을 반영하는 제조

개인의 감각과 취향은 오랫동안 제조 시스템 바깥에 놓여 있었다. 공장은 평균적인 기준에 따라 제품을 만들었고, 소비자는 그 안에서 자신의 선택을 제한적으로 구성해야 했다. 하지만 이제 그 반대의 흐름이 나타나고 있다. 사용자의 감각적 요구—편안함, 촉감, 색상 선호, 사용 습관 같은 요소들이 제품 설계 단계에 반영될 수 있는 환경이 조금씩 만들어지고 있다.

이러한 전환의 중심에는 AI 기반의 데이터 해석 기술이 있다. 예를 들어, 사용자의 보행 습관을 기반으로 운동화를 맞춤 설계하거나, 신체 스캔 데이터를 이용해 착용감이 최적화된 의류를 제작하는 방식이 등장하고 있다. 사용자의 피부색, 시각적 기호, 선호 색상군 등을 분석해 제품의 외형 디자인을 다르게 제안하는 기술도 실험되고 있다. 감각은 더 이상 무형의 요소가 아니다.

취향이라는 요소도 마찬가지다. 과거에는 동일한 디자인이 수만 개 단위로 반복 생산되었지만, 지금은 유사한 기능을 가진 제품이 다양한 형태와 스타일로 나올 수 있다. 이는 AI가 사용자의 과거 선택 기록, 시각적 피드백, 생활 패턴 등을 분석해 개인에게 어울리는 형태나 기능을 추천하고 설계에 반영하기 때문이다. '디자인의 알고리즘화'가 이루어지고 있는 셈이다.

더 나아가 감각과 취향은 단지 미적인 차원을 넘어서 사용성과도 연결된다. 예를 들어 의료 기기나 보조 기기, 교육용 제품 등에서는 사용자의 촉감 민감도나 인지 방식, 생활 환경 등이 실제 제품의 형태와 인터페이스를 결정짓는 중요한 요소가 된다. 감각 정보는 이제 기술적 구현의 제약이 아니라, 설계와 제조를 구체화하는 실마리로 작동한다.

이러한 제조 방식은 단지 소비자 경험을 향상시키는 데 그치지 않는다. 생산 과정에서도 재료 선택, 공정 설계, 품질 검사 방식까지 달라져야 하므로, 제조 시스템 전반의 유연성과 반응성을 요구한다. 감각은 정해진 공정을 따라가는 것이 아니라, 공정이 사용자 중심으로 재설계되어야 함을 의미한다.

감각과 취향이 제조의 중심으로 들어온다는 것은, 기술이 인간의 다양성을 이해하고 반영할 수 있는 방향으로 나아간다는 신호다. 이는 단순한 생산 기술의 진보가 아니라, 제조가 인간을 해석하는 방식의 전환이기도 하다. 제조는 이제 평균을 지향하는 것이 아니라, 차이를 존중하고 조율하는 기술이 되어 가고 있다.

경험이 품질이 되는 순간

오랫동안 품질은 재료, 구조, 성능, 내구성과 같은 물리적 기준으로 평가되었다. 생산 공정이 얼마나 정밀하게 통제되었는지, 불량률이 얼마나 낮은지, 표준 사양을 얼마나 정확히 따랐는지가 제품의 품질을 결정짓는 핵심 요소였다. 하지만 지금, 그 기준은 점점 사용자 쪽으로 이동하고 있다. 품질은 더 이상 숫자와 도면만으로 설명되지 않는다. 사용자가 어떤 경험을 하느냐가 새로운 품질의 정의가 되고 있다.

이러한 변화는 다양한 기술의 진화와 맞물려 나타나고 있다. 예를 들어, 같은 기능을 가진 제품이라도 사용자 환경에 따라 성능이 달라질 수 있다는 인식이 제조 설계에 반영되기 시작했다. 이는 단순한 '사용자 테스트'를 넘어서, 사용자의 실시간 피드백과 맥락적 데이터가 설계와 품질 보증 프로세스에 통합되고 있음을 의미한다.

제조업은 점차 정량적 기준만으로는 충분하지 않은 영역으로 확장되고 있다. 특히 웨어러블 디바이스, 맞춤형 가전, 헬스 케어 기기와 같이 사용자의 피부, 감각, 생활 패턴과 밀접한 제품일수록, 경험의 질이 제품 평가의 핵심 지표로 떠오르고 있다. 사용자 만족도, 몰입감, 편안함과 같은 감성적 요소가 실질적인 품질 지표로 작용하는 것이다.

AI 기반의 사용자 분석 기술과 실시간 피드백 시스템은 이러한 흐름을 기술적으로 뒷받침하고 있다. 사용자의 반응, 표정, 행동 패턴 등을 실시간으로 수집하고 분석함으로써, 제품의 경험 품질을 정량화하고 개선할 수 있는 가능성이 생겨나고 있다. 경험은 더 이상 추상적 개념이 아니라, 설계와 제조를 개선하는 데이터로 기능한다.

이러한 경험 중심 제조는 제품과 사용자 사이의 관계를 재정의한다. 제조업은 단지 물건을 잘 만드는 데서 끝나지 않고, 어떤 경험을 설계할 것인가, 어떤 감정을 유도할 것인가, 어떤 관계를 형성할 것인가로 질문이 이동하고 있다. 소비자 경험이 제조업의 핵심 전략이 되는 이유다.

'경험이 품질이 되는 순간'은 제조가 단지 기술의 정밀함을 넘어, 인간 중심의 감각과 의미의 영역으로 진입하고 있다는 증거다. 제조는 이제 하나의 사용자 경험 설계 행위이며, 기술은 그것을 실현하기 위한 언어다. 품질은 더 이상 완성품의 기준이 아니라, 사용자가 그것을 통해 살아가는 방식에서 평가해야 할 시대가 오고 있다.

09

스마트 물류와 배송

제품이 완성되는 순간이 끝이 아니다. 제조 이후의 모든 흐름, 부품의 조달, 공정 간 이송, 유통과 물류, 고객과의 연결 모두가 제조 시스템을 구성한다. AI는 생산과 출하, 유통과 배송을 유기적으로 연결하며, 수요 변화와 환경에 따라 흐름을 유연하게 조율한다. 배송은 점점 더 정밀해지고, 사용자의 반응은 다음 생산을 위한 실마리가 되기도 한다. 스마트 물류와 배송은 제조 이후의 흐름을 최적화하는, 또 하나의 지능화된 공정이 되어 가고 있다.

AI와 화장품?

공장에서 시작되는 연결

제조업에서 '공장'은 오랫동안 생산의 시작점이자 끝점으로 간주되어 왔다. 그러나 디지털 전환과 AI 기술의 발전은 공장을 점차 폐쇄된 공간에서 벗어나게 하고 있다. 이제 공장은 더 이상 물건만을 만들어 내는 고립된 장소가 아니라, 소비자의 요구에 실시간으로 반응하고 연결되는 유연한 네트워크의 일부로 전환되고 있다.

이러한 변화의 중심에는 데이터 기반 제조 시스템이 있다. 소비자가 웹이나 앱을 통해 제품을 선택하거나 원하는 사양을 지정하면, 그 정보가 곧바로 생산 시스템에 반영되는 구조가 점차 구현되고 있다. 자율 제조 시스템은 최소한의 개입으로 설계와 생산을 연동할 수 있는 기반을 갖춰 가고 있으며, 공장은 점차 데이터에 반응하는 플랫폼으로 확장되고 있다.

이 변화는 수요 기반 생산 모델(Demand-driven manufacturing)을 보다 정밀하게 만들어 가고 있다. 과거의 대량 생산 체제에서는 예측에 의존한 재고 생산이 일반적이었다면, 현재는 주문 단위의 사양, 지역별 수요, 시간대별 선호 등을 반영한 맞춤형 생산의 가능성이 확대되고 있다. 이는 자원의 낭비를 줄이고, 고객 만족도를 높이는 구조적 전환의 기반이 된다.

공장이 소비자와 직접 연결되면, 제품 개발 방식에도 새로운 변화가 생긴다. AI는 사용자 데이터를 분석해 신제품 기획이나 디자인에 대한 인사이트를 제공하고, 제조 시스템은 이러한 피드백을 반영해 시험 생산이나 소규모 시장 반응 검토에 활용할 수 있다. 공장은 점차 단순한 생산 라인에서 빠르게 반응하는 실험 공간으로 기능하게 될 것이다.

핵심은 공장이 더 이상 제조의 '마지막 단계'가 아니라, 사용자와 상호 작용하는 연결 지점으로 인식되고 있다는 점이다. 제조와 소비 사이의 경계는 흐려지고 있으며, 양방향적이고 순환적인 구조로 전환되고 있다. 소비자가 제조 흐름에 영향을 미치고, 공장은 사용자 반응을 학습하며 지속적으로 진화한다.

이러한 공장의 전환은 소비자와의 거리를 물리적으로만이 아니라 정서적 · 경험적으로도 줄여 나간다. 지역 중심의 스마트 팩토리, 유연한 소규모 생산 노드, 개인화된 제품 경험은 신뢰와 관계를 기반으로 한 제조 시스템의 단초가 된다. 기술과 철학이 함께 변화하는 지금, 제조는 점점 더 사람 중심의 연결로 나아가고 있다.

유통·물류의 스마트화

제조에서 시작된 연결은 곧 유통과 물류의 흐름으로 이어진다. 과거의 물류는 대량 이동과 효율적 배분에 집중된 구조였지만, 지금은 데이터 기반으로 수요를 예측하고, 공급을 능동적으로 조정할 수 있는 시스템으로 서서히 전환되고 있다. 물류는 단순한 경로의 문제가 아니라, 생산과 소비를 실시간으로 조율하는 지능형 조정자로 변화하고 있다.

이러한 전환의 핵심은 데이터 기반의 판단 구조다. 각 지역의 수요, 시간대별 주문 패턴, 날씨나 교통 상황 등 다양한 변수를 통합해 물류 경로를 실시간으로 조정하는 시스템이 점차 적용되고 있다. 이 변화는 수동적인 계획에서 벗어나, 상황에 따라 반응하고 조율하는 유연한 구조를 요구하고 있다.

예를 들어 특정 제품이 한 지역에서 급격히 수요가 증가하면 재고 분산 거점은 AI의 판단에 따라 재고를 우선 재배치하거나 긴급 출하를 지시할 수 있다. 이는 단순히 창고에서 제품을 꺼내는 문제가 아니라, 공급망 전체가 예측과 대응을 통해 스스로 최적의 흐름을 만들어 가는 과정이라 할 수 있다.

기존의 물류 시스템은 일반적으로 고정된 창고 위치

와 정해진 운송 루트를 기반으로 했다. 그러나 지금은 상황에 따라 유동적으로 설정되는 마이크로 물류 거점, 단기 팝업 물류 센터, 지역 간 재고 회전 최적화 같은 새로운 형태들이 실험되고 있다. 이러한 시도는 전체적인 속도와 비용 효율뿐 아니라, 탄소 배출을 줄이는 효과도 기대되고 있다.

인공지능은 이 모든 판단의 중심에 서 있다. 과거에는 사람이 도표를 분석해 경로를 수정했다면, 지금은 AI가 다양한 변수들을 실시간으로 학습하며, 각 조건에 최적화된 판단을 내려 줄 수 있는 수준으로 진화하고 있다.

유통과 물류의 스마트화는 단지 배송 속도를 높이는 데서 그치지 않는다. 생산과 소비를 잇는 흐름을 더욱 정밀하고 민감하게 만들고 있으며, 예측이 가능한 시스템에서 반응이 가능한 생태계로 제조 이후의 구조를 재편해 나가고 있다. 스마트한 물류는 이제, 공장에서 시작된 연결을 시장까지 끊김 없이 이어 주는 핵심 축이 되고 있다.

일상화되는 지능형 배송

생산과 물류가 유기적으로 연결되면서, 그 마지막 단계인 배송 역시 새로운 전환을 맞이하고 있다. 배송은 단순히 '운송'의 문제를 넘어서, 사용자와 직접 맞닿는 접점으로 기능한다. 최근에는 이 마지막 구간에서도 인공지능과 자동화 기술이 점진적으로 적용되며, 배송의 방식과 경험이 다양화되고 있다.

과거의 배송은 일정 시간 내에 상품을 전달하는 데 초점이 맞춰져 있었다. 그러나 지금은 사용자의 위치, 시간대, 선호 방식에 따라 배송 조건을 맞춤화하려는 시도가 늘고 있다. 예를 들어 일부 서비스에서는 사용자가 선호하는 수령 방식(비대면 수령, 예약 시간 배송 등)을 AI가 학습해 개인화된 배송 옵션을 제안하는 기능이 점차 도입되고 있다. 배송 경로 역시 더 이상 고정된 것이 아니다. 실시간 수요 변화, 교통 상황, 날씨 등 다양한 변수를 고려해 배송 루트를 자동으로 조정하는 시스템이 개발되고 있으며, AI는 수많은 조건을 분석해 최적의 경로를 제안하고, 때로는 스스로 선택까지 수행한다. 이는 라스트 마일 효율성을 높이고, 지연이나 비용 손실을 줄이는 데 기여할 수 있다.

기술 발전과 함께 무인 배송 시스템도 점차 현실적인 대안으로 주목받고 있다. 자율주행 배송 차량, 드론, 로봇을 활용한 배송은 아직 상용화 초기 단계에 머물러 있지만, 특정 지역이나 조건에서는 실험적으로 적용되고 있으며, 이러한 시스템은 앞으로의 배송 방식에 새로운 표준을 제시할 수 있다.

한편, 배송이 단순히 끝나는 지점이 아니라는 인식도 점차 확산되고 있다. 사용자가 제품을 수령하고 사용하는 과정에서 나오는 피드백은, AI를 통해 다시 분석되어 이후 제품 개선이나 물류 전략에 반영되는 흐름이 형성되고 있다. 배송은 점점 더 사용자 경험을 수집하고 순환시키는 통로로 기능하게 될 것이다.

배송은 이제 단순한 물류의 끝이 아니라, 사용자와 제조 시스템이 마지막으로 맞닿는 창구가 되어 가고 있다. 이 접점에서 수집된 경험과 데이터는 다음 제품과 서비스의 실마리가 되고, 결국 제조 전체의 흐름을 더 민감하게, 더 정교하게 만드는 순환의 고리가 된다. 배송은 사용자와 가장 가까운 연결이자, 다시 시작되는 연결의 출발점으로 진화하고 있다.

10
지속 가능한 제조의 미래

제조업은 이제 단지 효율과 생산성만으로 지속 가능하다고 말하기 어려운 시대를 맞고 있다. 고령화, 에너지/자원 위기와 환경 문제, 기술 경쟁과 소비자 욕구의 변화는 제조의 구조 자체를 다시 묻고 있다. 특히 다양한 일자리와 삶의 형태가 확산되면서, 기술 발전이 더 많은 사람에게 기회를 제공할 수 있어야 한다는 요구도 커지고 있다. 이러한 변화 속에서 제조업은 지속 가능한 미래를 위한 새로운 길을 모색하고 있다. 기술은 그 과정에서 가능성을 열어 주는 동시에, 지속 가능한 제조가 무엇인지 다시 생각해 보게 한다.

종교와 AI?

변화하는 세상 속의 제조

제조업은 오랜 시간 동안 안정성과 예측 가능성을 바탕으로 발전해 왔다. 그러나 오늘날 우리는 제조업의 토대를 구성해 온 여러 사회적 조건들이 빠르게 흔들리고 있음을 목격하고 있다. 인구 구조의 변화, 기후와 자원 문제, 기술 주도권 경쟁, 소비자 행동의 전환은 모두 제조가 지속 가능하기 위해 다시 생각되어야 할 이유가 되고 있다.

가장 근본적인 변화 중 하나는 인구 구조의 전환이다. 선진국 국가들을 중심으로 고령화와 저출산 문제를 동시에 겪고 있으며, 이는 제조 현장의 노동력 기반에 직접적인 영향을 미친다. 단순히 사람이 부족한 것이 아니라, 숙련된 노동의 전수와 지속 자체가 어려워지는 것이다. 동시에 청년층은 전통적인 제조업에 대한 선호도가 낮아지고 있어 새로운 역할과 가치 정의가 요구되고 있다.

기후 위기와 환경 부담 역시 제조업의 지속 가능성을 좌우하는 중요한 요인이다. 탄소 배출 감축, 에너지 효율 향상, 자원 순환 구조의 정착은 더 이상 선택이 아닌 생존 조건이 되었다. 제조 공장이 더는 생산만을 위한 공간이 아니라, 환경적 책임과 연결된 시스템으로 거듭나야 하는 시대다.

여기에 더해 기술 패권 경쟁은 제조업의 전략적 위치를 변화시키고 있다. 특정 기술과 소재, 반도체 및 부품의 국산화 · 내재화가 중요해지고 있으며, 글로벌 공급망의 재편도 제조 전략에 큰 영향을 미친다. 이제 제조는 단순한 생산의 문제가 아니라, 기술 주권과 산업 안전망의 관점에서 다뤄지고 있다.

마지막으로 소비자 욕구의 변화는 제조업의 작동 방식 전체를 바꾸고 있다. 과거의 대량 생산 중심에서 벗어나, 개인화된 제품, 지속 가능한 소비, 경험 중심 가치가 중요해지고 있다. 고객은 단순한 구매자가 아니라, 생산 과정의 일부로 참여하고, 브랜드의 사회적 태도까지 고려하는 소비 주체로 변화하고 있다.

이러한 변화들은 단편적인 기술 개선만으로는 대응하기 어렵다. 제조업은 지금, 단기적 효율을 넘어서 장기적인 생존 조건을 모색해야 할 전환점에 서 있다. 변화하는 세상 속에서 제조는 단지 적응하는 산업이 아니라, 사회와 함께 진화하며 지속 가능한 방향을 설계해야 하는 존재로 다시 정의되고 있다.

지속 가능한 제조를 위한 기술의 진화

제조업이 사회 구조의 변화 속에서 지속 가능성을 확보

하기 위해서는 기술의 방향성 또한 근본적으로 달라져야 한다. 단순한 자동화를 넘어서, 제조 기술은 복잡한 문제에 대응하고, 불확실한 상황에서도 유연하게 작동할 수 있어야 하며, 그 중심에는 AI가 있다.

첫 번째로 주목할 변화는 노동력 감소 문제에 대한 기술 대응이다. 인구 고령화와 노동 인구 감소 속에서, 제조업은 '사람을 대체하는 기술'이 아니라, '사람과 협력하는 기술'을 필요로 한다. 협동 로봇(Cobot), 증강현실 기반 작업 지원 시스템, 디지털 트윈을 활용한 숙련 지식의 가시화 등은 노동의 질과 지속 가능성을 함께 높이는 도구로 활용되고 있다. AI는 이러한 시스템에서 개인의 작업 패턴을 학습하고, 직관적인 판단을 보조하는 조력자의 역할을 수행한다.

환경 문제에 대한 기술 대응도 빠질 수 없다. 저탄소 공정, 에너지 효율화를 위한 설비 최적화, 폐기물의 최소화를 위한 순환형 설계 등은 지속 가능 제조의 핵심 요소다. AI는 생산 과정의 실시간 데이터를 분석해 에너지 낭비를 줄이고, 자재 흐름과 온실가스 배출을 예측하며, 지속 가능한 설계안을 자동으로 제안할 수 있는 수준까지 도달하고 있다.

공급망 회복력 역시 중요한 기술적 과제로 부상하고

있다. 글로벌 공급망의 불안정성과 기술 주권 경쟁 속에서 제조업은 더욱 분산되고 유연한 구조를 요구받고 있다. 이에 따라 클라우드 기반 생산 자원 관리, AI 기반 수요 예측과 조달 전략, 위험 대응 시뮬레이션 기술이 도입되고 있으며, 이는 생산 단위의 독립성과 탄력성을 동시에 높이고 있다.

한편, 소비자 중심의 생산 구조 역시 기술을 새롭게 설계하게 만들고 있다. 사용자의 데이터를 기반으로 한 맞춤형 설계, 실시간 피드백 반영 시스템, 사용자 참여형 제품 개발 등은 모두 AI 기술 없이는 구현되기 어려운 구조다. 또한 제품을 중심으로 한 서비타이제이션 등 제조는 이제 기술 중심이 아니라 사용자 중심으로 이동하고 있으며, AI는 이 전환을 가능하게 하는 연결고리다.

이처럼 제조 기술의 진화는 단지 성능을 높이는 것이 아니라, 변화하는 외부 환경에 제조가 얼마나 적응력 있게 대응할 수 있는지 좌우한다. 그리고 그 중심에는, 다양한 데이터와 변수 속에서도 판단하고 예측할 수 있는 AI 기술이 있다. 기술은 이제 효율을 넘어, 제조업의 생존과 지속성을 설계하는 역할을 맡고 있다.

사람과 함께하는 나아가는 제조의 길

기술은 끊임없이 진화하고 있지만, 그 기술이 누구를 위해 사용되는가 하는 질문은 여전히 중요하다. 인공지능과 자율 제조 기술이 제조업을 새롭게 만들고 있는 이 시점에서, 우리는 기술 중심이 아닌 사람 중심의 지속 가능성을 다시 생각해 볼 필요가 있다. 지속 가능한 제조란, 단지 환경이나 생산성의 문제가 아니라 사람과 함께 살아남는 길이기도 하다.

오늘날 많은 노동자들이 비정규직, 플랫폼 기반 노동, 단기 계약 등 점점 더 불안정한 형태의 일에 종사하고 있다. 이들은 전통적인 노동자 계급인 '프롤레타리아'가 아니라, 가이 스탠딩(Guy Standing)이 제시한 개념처럼 고용 안정성과 소속감 부족으로 불안정한 삶을 살아가는 계층인 '프레카리아트(Precariat)'로 불린다. 기술이 노동의 효율을 높이는 방식으로만 사용될 경우, 이들 불안정 계층은 더욱 소외될 수밖에 없다. 제조업은 이러한 불균형을 외면해서는 안 된다.

제조업은 여전히 지역 경제와 공동체의 기반을 이루고 있는 산업이다. 기술 혁신이 모든 사람에게 이익이 되기 위해서는, 제조업 역시 사회적 책임을 가진 플랫폼으로서 기능해야 한다. 공정한 노동 환경, 지속 가능한 고용 모델, 기술을 활용한 숙련 전수와 재교육 시스템은 그 중심에 있어야 한다. AI는 이 과정에서도 인간의 가능성을 확장시키는 도구가 될 수 있다.

예를 들어 자율 제조 시스템은 숙련이 부족한 청년이나 고령자의 참여를 기술적으로 보완할 수 있는 기회를 제공한다. AI 기반 학습 시스템은 반복적인 교육이 필요한 작업에 효과적으로 적용될 수 있으며, 숙련자의 작업 데이터를 축적해 디지털 전승 자산으로 만들 수 있다. 기술은 인간을 대체하는 것이 아니라, 확장하고 포용하는 방식으로 활용될 수 있을 것이다.

또 하나의 중요한 방향은, 생산의 민주화다. 누구나 접근 가능한 설계 도구, 오픈 소스 제조 플랫폼, 참여형 제조 환경은 기술의 문턱을 낮추고, 다양한 아이디어와 사회적 수요를 제품화하는 통로가 된다. AI는 이러한 분산적이고 참여적인 생산 체계를 가능하게 하는 기술적 토대가 되어야 할 것이다.

기술은 끊임없이 발전하고 있지만, 제조는 여전히 사람과 함께 완성되어야 한다. 효율성과 속도를 넘어, 포용과 책임이라는 기준으로 제조를 다시 바라보는 일이 필요할 것이다. AI는 그 전환을 가능하게 해 주는 도구이자, 함께 나아갈 방향을 비추는 거울이 될 수 있다. 우리가 만들어 가는 제조의 미래는 결국 우리가 선택하는 가치의 반영일 것이다. 기술이 열어 주는 가능성 앞에서, 사람과 함께하는 제조의 길을 어떻게 그려 갈지 다시 한 번 생각해 본다.

원홍인

한국생산기술연구원 제조AI연구센터 수석 연구원이다. 한양대학교에서 기계설계공학 박사 학위를 취득하고, 독일 드레스덴공과대학교에서 포스트닥터로 가상공학 분야 연구를 수행했다. 현재 KITECH 제조AI협력팀장으로서 제조AI 및 디지털 트윈 기반의 자율 제조 기술 연구에 매진하고 있다. 제조업의 디지털 전환과 AI 활용 확산을 위한 전략 기획 및 기술 개발을 담당하고 있으며, 특히 제조 지능화를 위한 AI·디지털 트윈 융합 플랫폼 구축에 역량을 집중하고 있다.

이상아

한국생산기술연구원 제조AI연구센터 수석 연구원이다. 서울대학교에서 항공우주공학 박사 학위를 취득하고, 삼성전자에서 인공지능 제품 개발 경험을 쌓았다. 현재 KITECH AI+X 기술교류회 위원장으로서 AI와 다양한 산업 분야의 융합을 촉진하는 한편, 센터에서는 AI 기반 설계 및 시뮬레이션 기술을 연구하고 있다. 주요 연구 분야는 유체시뮬레이션, AI 기반 설계 최적화, 제조 AI 모델링 및 해석 등이며, 제조업의 미래 혁신을 위한 핵심 기술 개발에 집중하고 있다.

윤종필

한국생산기술연구원 제조AI연구센터장이다. 포항공과대학교에서 전자전기공학 박사 학위를 취득하고, 현재 UST(과학기술연합대학원대학교) 교수로도 활동하며 제조AI 분야 전문 인력 양성에 기여하고 있다. 제조 지능화 및 AI 기반 디지털 전환을 위한 연구를 주도하고 있으며, 특히 제조 분야 특화 AI 모델 개발을 중심으로 연구하고 있다. 주요 연구 분야는 AI 기반 비전검사, 설비진단, 공정 최적화 등이며, 국내 제조업의 경쟁력 강화와 미래 혁신을 위한 핵심 기술 개발에 집중하고 있다.

이상목

한국생산기술연구원 원장이다. '미래 생산기술 대전환'을 비전으로 제시하며, 제조업의 영토 확장과 가치 상승을 위한 스마일 생산 기술 확립을 추진하고 있다. 지능화 뿌리 기술, 인간 중심 생산 기술, 지속 가능 기술 등 3개 핵심 영역에서 요소 기술 개발 및 확산 보급을 총괄하고 있으며, 매뉴팩처링에서 밸류팩처링으로의 가치 전환을 이끌고 있다. 또한 중소·중견기업의 AI 활용 확산과 지역 특화 산업의 기술 혁신을 지원하며, 미국·독일·아시아 등과의 국제 협력을 통해 전문 인력 양성에도 힘쓰고 있다.